财富自由的起点

内卷时代更适合年轻人的投资创富指南

钱月九 ◎ 著

Rich Leap

北京联合出版公司
Beijing United Publishing Co.,Ltd.

献给我的孩子

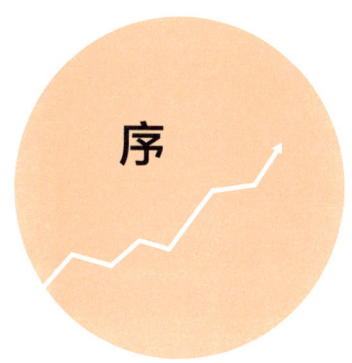

序

　　本书是我帮助钱月九老师策划的，也从头到尾做了本书的监制，是我全身心参与的第一本跟钱有关的书。

　　她写了好几年，我帮她改了一年多。

　　钱月九老师说很感谢我，但我想说，直到最后定稿，我都很感谢钱老师，因为她的这本书给予了我很多启发。

　　我原本是一个对钱没有任何感觉的人，经常是有多少钱就花多少钱，没钱就忍着不花，有钱就多花点。通过阅读本书，我会认真思考：我手中的这笔钱应该用于投资还是用于消费？如果是消费，我会暂停一下；如果是投资，我会斟酌应该投资哪些领域。

　　钱老师原来是一家银行的支行行长，在金融系统浸染了很多年，对钱的概念和普通人本来就不一样，她曾帮助很多人走出债务泥潭，也帮助很多普通投资者实现了赚钱、资产保值等目标，带领他们走上了财富自由的道路。

于是，我鼓励她，如果可能，运用互联网去帮助更多的人，做一本年轻人愿意去读的理财书。她做到了。在这样的初衷下，她开始动笔写这本书，我们交流了很多次，仅仅创作会就开了十多次。

终于，这本书和大家见面了。

我很幸运成为第一批读者，希望这本书也能让你从不同的角度认识财富。

钱不是"恶"的，也不是"善"的，它取决于你如何拥有和如何使用。

希望你能拥有它，并做一个"善"的人。

李尚龙

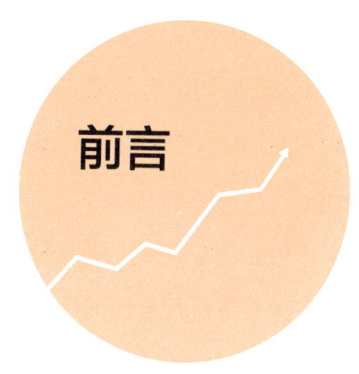

前言

嗨，朋友。

能翻开这本书，一定要为你点赞！在这个人人劳累奔忙、只为碎银几两的年代，很多人忙到无暇管钱，没时间思考如何推进财富自由的进程。而你却没有舍本逐末，你对钱还保持着一颗鲜活的心。相信我，财富已经在向你招手。

对于财富积累的认知，与一个人的学历、专业、所处的行业，甚至目前拥有的金钱数量，并没有多大关系。

找我做财富咨询的人当中，很多人拥有不错的薪资收入，也有些人陷入了债务的泥潭而不能自拔，还有些人对消费轻车熟路却对理财知之甚少；我的同事和身处金融行业的亲戚朋友，很多都不知道基金还能定投，更不知道多渠道配置资产意味着什么；在银行网点工作时，我见过不少富人不知该如何理财，只能一味追求安全，存几张大额存单或买几公斤黄金。

每个人关注的东西不同，在有限的时间精力下，存在认知盲区再正常不过。财富积累也需要刻意学习。但财富像个隐士，它隐于朝、隐于市、隐于野，没有一双识别它的眼睛，你与财富便只能擦肩而过。但一双慧眼的背后，必然有一个认知高级的大脑做支撑。基于这个想法，才有了你和这本书的美好相遇。

本书的写作视角比较微观，多数内容着眼于生活周围，有的案例来源于我自己的所见所闻，没有高屋建瓴的理论，只有贴近实际的经验和心得。我始终认为，财富积累这件事"一斑未窥，难识全豹"，"一土未垒，难成高塔"。很多财富机会，就存在于和人和事打交道的日常生活中，懂得从它们入手，就等于站在了财富自由的起点。在阅读本书的过程中，如果你对书中的观点产生了共鸣，欢迎加我微信找我聊一聊。

通过这本书，我想和你分享这样一个认知：一个人要想拥有幸福美好的财富人生，需要处理好两类关系，一是和钱的关系，二是和人的关系。

和钱的关系主要包括四种，即挣钱、存钱、花钱、赚钱。在本书中，挣钱和赚钱是两个概念：挣钱是指通过付出时间和劳动力获取的金钱；赚钱是指通过已有的金钱来获取金钱，也就是"钱生钱"。处理好和钱的关系，就等于从"术"的层面掌握了方法，在财富积累的道路上，相当于别人在走，而你在飞。

但事情往往没那么简单，如果处理不好和人的关系，会从各方面影响财富积累的速度。处理好和人的关系包括两方面，一是和自己的关系，二是和他人的关系。和自己的关系主要是指提升自己的认知，既要去糟取精，也要迭代更新。除此之外，不要让自己活成一座孤岛，处理好与他人的关系是每个人必须修炼的一门功课。每个人在一生中都要扮演多种角色，善于经营人际关系是提高财富积累效能的催化剂。人际关系处理不好，往往是一个人内耗的罪魁祸首。

总之，幸福人生就像一辆徐徐向前的列车，而你和钱、和人的关系便是轮毂，处理得当，行车就会平稳顺畅；处理不好，随时都有可能出现交通事故。如果你读了这本书略有启发，我就写得其所。

愿你开启一段幸福美好的财富人生！

第三章
理性花钱

第四章
学会钱生钱

下篇

一个人的财富，是他生命元素的总和

第五章
与财富息息相关的那些认知

第六章
让自我成长加速，让财富积累起飞

第七章
运营好你的社交资源

你一定要
和金钱成为朋友

世上最幸福的挣钱方式
莫过于利用自己的兴趣爱好来挣钱

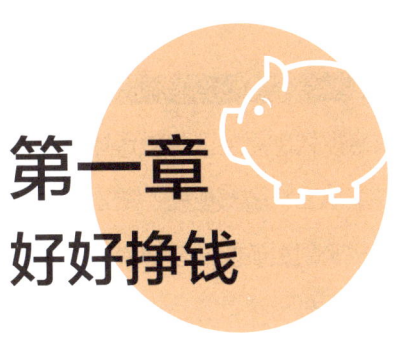

第一章
好好挣钱

01 你知道你也能通过互联网挣钱吗

　　我们生活在一个伟大的时代，只要愿意，每个人的才能都能被看见，有的甚至能直接拿来换钱。有一天，朋友向我推荐了一段视频，一个年轻女子手拿麦克风，面带微笑不卑不亢地走到一个露天饭桌前，问正在吃饭的女士们：美女，要点歌吗？对方点了一首流行情歌，随后音乐立即响起，唱歌女子的神情随之到位，一首婉转悲情的曲子飘出她的歌喉，甚是好听。视频下方的评论区说女子叫蓉儿，是位流浪歌手，从贵州一路唱到四川又唱到海南。我看到的视频正是她在三亚唱歌时拍下的。因为她唱得太好，我竟情不自禁地打赏了一个"游艇"，打赏完后，我突然发现，她竟然用这种方式赚走了我的钱！我不禁感叹，**挣钱的道路千千万，关键看你想不想干**。

每当一项科技诞生，有人拿它挣钱，更多人则是选择为它花钱。比如，计算机诞生后，很多人拿它打游戏成瘾，花钱费时间耽误正业，只有很少一部分人用它来创造游戏，挣别人的钱。随着移动通信技术的迅猛发展，智能手机迅速普及，但大多数人只拿它来刷视频、看娱乐新闻，只有很少一部分人用它开展知识付费和创作挣钱。自从微信开始流行，并成为最受欢迎的移动即时通信工具后，大多数人每天在微信上刷朋友圈，只有很少一部分人用它做起了微商，挣到了第一桶金。很多人觉得微商很低级，但我觉得只要不做违法、违反道德的事情，凭劳动、凭智慧挣钱又有何不可？花钱总是容易的，只有那些总是选择艰难道路的少数人才能真正挣到钱。正因如此，20%的人，掌握了社会上80%的财富，80%的人在为20%的人服务。

> 无论何时，富人思维永远是：我要怎样做才会变有钱；而穷人思维是：等我有了钱我会怎样做。注意力用在哪里，是决定贫富的关键。

现在请你花十秒钟回想一下，当自己看到上面那个视频时，注意力在哪里？是发出类似这样的评论——"靠不上大树，唱得再好也红不了""这个社会只知道情和爱，豪情的歌一首都没有，阴盛阳衰""如果这新闻是真的，我把××到××的高速来回舔一遍"（以上都是我在网上看到的评论），还是会思考那背后的智慧，想想哪些挣钱思路可以为己所用？

其实，每个人的注意力都是有限的。你的注意力用在哪里，收获就在哪里，只不过，收获的东西价值不同罢了。如果你的注意力都用来关注那些无效批判、尖酸刻薄、自命不凡的言论，收获只能是满足自己一时的情绪需求，并没有太大的价值，也无法挣到一分钱，还浪费了自己大量的时间。

我最早接触知识付费时一口气订阅了十几个专栏，越学越上瘾，但有一天我忽然意识到，只要内容有价值，就可以把知识变现，而且只要肯在一个擅长的领域耕耘，互联网就会帮助自己放大成果，让更多人看见。也就是从那时起，我认真琢磨自己的专长，发现自己在银行工作十几年积攒下来的理财经验能够帮助很多人提高资产的收益率，如果深耕这一领域，必然能带来很大价值。再加上自己十分喜欢分享和写作，二者结合不仅可以编撰成书，还可以做成理财网课。而且，我确实帮助很多人挣到了钱，同时自己也挣到了钱。请记住，互联网是这个时代给予普通人的最佳发展平台。

绝大部分生意都可以运用互联网技术重做一遍，很多曾经没有的生意，也可以运用互联网技术得到发展。

我认识一位家电工程师，他之前在大企业工作，虽然薪资待遇不错，但也只是死工资。后来小红书兴起，他在小红书上注册了一个账号专门做家电推荐，因为内容很专业，每一款家电的参数代表什么、工作原理怎么样、哪种性能更好，都能说得明白易懂，很多人都成了他的铁粉，找他要商品链接，他因此也挣了不少钱。

如果你去刷与消费相关的视频，就会发现很多人把传统的店铺生意也搬到了线上。有一次，我所在的公司要求每位员工重新上传近照到人力系统，照片一旦上传就会用好几年。通知一发出，女生去化妆，男生去理发，都想在照片上呈现出自己最好看的形象。小D听说隔壁同事在美团上约了一个化妆师，30分钟就能化好一个妆，每人收费99元，网评很不错，便也跟着约了一个。这件事被其他女同事听到了，很快便有十几个同事也想预约。化妆的地点是一间位于繁华商场周边、大约只有20平方米的小型公寓，化妆师是位40岁左右的女性，以前在影楼工作，后来因影楼经营不景气，便出来单干。其所提供的各种妆容价格从99元到3000元不等。当初她买这个小型公寓时，旁边的商场还没盖起来，但她很看好周边的发展，果断入手一套。12年后，这一带公寓的价格便从原来每平方米不到3000元涨到了2万元，她这次投资的回报率可想而知。几年以后，我和她聊天时她总说互联网是个好东西。要不是互联网，她也许会和很多其他女同学一样，在影楼工作几年后便找个人嫁了，也就不会有现在的经济独立。

其实这个化妆师主要做对了两件事：第一件是她十几年前

投资房产，选对了标的，让资产得到大幅增值；第二件是别人用互联网消费，而她却懂得用自己的一技之长在互联网上挣钱。

经常听说"富人和普通人想的不一样"，其实这句话颠倒了因果关系，**不是因为有钱，所以和别人想法不同，而是因为想法不同，所以才可能变有钱。**

十几年前的我，积蓄不多，当时房子还是最好的投资品，我有一个亲戚在某银行的信贷部门工作，有一天打电话告诉我，在他们那里贷款的房地产商，手头有一部分不错的房子要卖，价格比市面上优惠一些，问我要不要考虑。我想都没想便脱口而出："买不起！"其实，如果当时买个面积小点的，首付还是付得起的。我有稳定工作，既可以申请公积金贷款，也可以申请商业贷款。

但！我！没！有！

后来不到两年时间，那套房子的价格便翻了倍。我就这样非常草率地错过了一次绝好的赚钱机会。为什么当时那么草率呢？因为我那时根本不关注赚钱，也不主动学习、探索，就这样与机会擦肩而过，再正常不过。很多人错过一次机会后还不懂得反省，等下次机会到来后，依旧视而不见。

互联网创业，其实是这个伟大时代赋予每个普通人的福利。只要你有一技之长，就能利用互联网把它放大、扩散，从而引来现金流。即使没有一技之长，很多人也可以利用它不断学习和习得一门手艺。现在请你想一想，你做什么事情、做什么事业、做什么投资，在未来2—5年是可以升值的。请一定记住，**你现在关注的事情，决定着你未来的收获。**

我的同事小苏结婚一年，刚生完孩子，但她产假期间也不甘落后，自学注册会计师，产假过后，注册会计师考试她考过了两门。直到现在她还在利用下班时间冲击剩下的三门课程，为自己打造多维竞争力。同事小马是单身，但她的关注点却是各类八卦新闻，只要闲下来，她就会去网上各种猎奇，一年后，她还是原来的自己，晋升无望，只有年龄虚长了一岁。两人相较，高下立现。有人业余时间能量爆发，有人业余时间追剧看八卦，想不拉开差距都难。

8小时之外的生活，决定了你的人生，这并非危言耸听。其实，不仅8小时之外，只要有闲暇时间，都应该充分利用起来。你可以好好读一本书、认真学一门外语或者学一学理财，假以时日，你一定会遇见更优秀的自己。

在我的孩子们都还小的时候，8小时之外我只能哄娃，追剧都不可能，更别提学习技能了。这还不是最恐怖的，有些人干脆把8小时之外的所有时间都耗在了毫无价值的娱乐上，转眼5年过去了，10年过去了，除了衰老的容颜和渐长的坏情绪，什么也没有留下。育儿固然重要，娱乐也并非完全不可，只是你要给学习和成长留有足够的时间，这才是一个人赢得财富人生的真正筹码。

这里友情提示全职宝妈们，千万不要傻傻地以为"只要自己把全部精力奉献给家庭，做一个一心一意相夫教子的贤妻良母，余生就会收获幸福"，否则，残酷的现实迟早会打肿你的脸。当你每花一分钱都要向丈夫摊开双手时，你的无私奉献将变得一文不值。当你只能用柴米油盐和鸡毛蒜皮回应丈夫抛过来的沟通话题时，你的温良贤淑将变得毫无魅力。歌曲《变心的翅膀》中有句歌词是"难道他们说的都是真的，说什么痴情的脚步追不上变心的翅膀"。这里我可以确切地回答：他们说的都是真的，只不过变心的原因可能不是他们不重感情，而是你的价值太低，两个人成长的脚步相差太远。女性一定要花时间提升自己的价值，毕竟你所渴望的最可靠的安全感，不可能来自他人，只能来自你自己的双手和银行账户里的余额。

你很幸运，因为你读到了这本书，从此你会意识到业余时间的宝贵，不断地充实自己，提升自己的价值，成为这个时代的佼佼者。

02 如何用品牌思维挣钱

什么叫品牌？品牌分为"品"（即人品+产品）和"牌"（即招牌）。一个人只要人品够好，手里有好产品或能提供优质的服务，并做好宣传，就可以挣钱。每个人都能打造自己的品牌。如果你是普通的上班族，只要做事靠谱，工作认真、高效，懂得适时展示自己的能力，就是你的品牌。如果你是学生，只要为人真诚厚道，学习成绩或者其他技能突出，不封闭自己，也是你的品牌。即使是相亲求偶，只要你拥有品牌思维，找到合适伴侣的概率也比没有品牌思维的人高出许多，因为你懂得从提升自己入手，努力让自己变得优秀，然后自信、大方地展现你自己。

我有一位师友，他非常喜欢写作，经常在微博上发表自己的文章，每个月的阅读量变现也能有几千元，仅仅微博这一个渠道就为他提供了稳定的零花钱来源。你不知道微博还可以赚钱吧? 几千元钱虽然不多, 但如果利用杠杆思维, 把这些钱拿去定投一支好基金, 每月投进去的几千元, 在复利的加持下一定会获得更高的收益。

在当今互联网时代, 你要意识到, 人人都有机会通过打造个人品牌实现价值变现, 人人都有机会通过文字、视频、图片挣到钱, 这可以说是一种网红思维。网红思维实际上也是一种品牌思维, 它能让你更容易抓住挣钱的机会, 当你能为别人提供有价值的产品或服务时, 就会有很多人愿意付费给你。

打造个人品牌的关键是什么, 具体见图1-1。

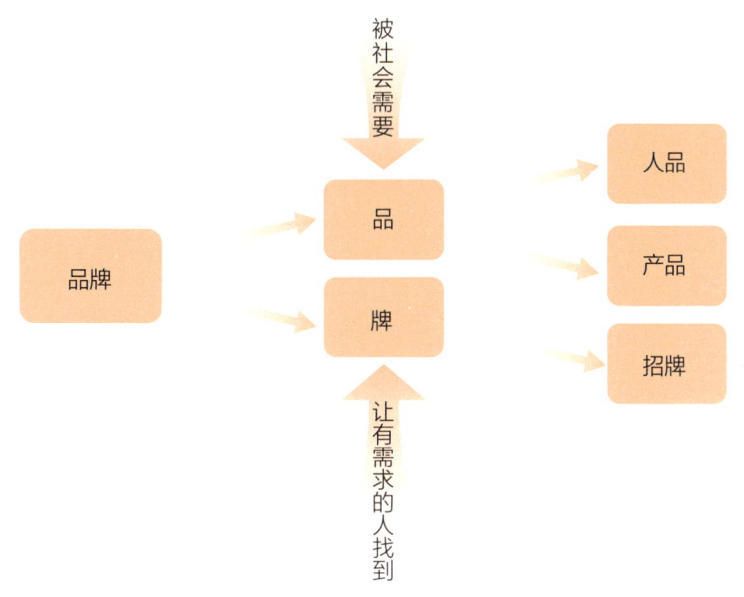

图1-1 通过打造品牌来挣钱

第一，做自己擅长的事。短板是不容易出成绩的。这就好比你学习偏科，学得好的科目一定是你最容易提分的，而你学得不好的科目，即使花再多工夫，也可能事倍功半。每个人都有自己的相对优势，或自己相对擅长的领域，你要仔细找，多捕捉那些自己付出一点努力就很容易出成绩的领域，那往往就是你的优势所在。我认识一位很厉害的女性创业者，她十分擅长摄影，在知识付费早期，她把摄影技巧知识打造成网课出售，每个课程收取几百元的费用，吸引了很多摄影爱好者跟着她学习，她因此也挣了不少钱。

第二，自己感兴趣。这一点说实话挺奢侈的，如果凭空设想，大概率你想不出自己对什么感兴趣。而且兴趣这个东西很善变，今天你对编程感兴趣，明天可能会对游戏感兴趣。所以这一点并不强求，有恒定的兴趣最好，没有也正常，可以从现在开始培养。如果你能从做某件事情中找到不断改进的乐趣，看着它经你的手一点点变得更好，兴趣自然就产生了。

> 很多时候，人不是因为有兴趣而去做某事，而是因为不断改进某事才产生了兴趣。

比如，我开始做理财时，很多知识完全不懂，所以一开始是亏钱的。但亏了就得赚回来，于是我开始钻研学习，随着自己的理财方法开始收到成效，资产开始逐渐扭亏为盈，看到自己的努力让收益变得越来越可观，慢慢地兴趣就来了，因为自己也从中尝到了甜头。

第三，你做的事，一定是社会所需要的。如果你想通过打造品牌来挣钱，需求是首要考虑的事情。如果你开商店，卖的都是人们不需要的东西，那谁还买呢？打造个人品牌好比自己开商店，你必须提供能够满足他人需求的产品或服务才行，而且需求越多越好。比如有些人想做专门针对比特币的培训课程，这显然不是一个好选择，比特币本身就是很小众的投资品种，还面临很多监管，虽然也有部分需求，但受众基础太薄弱。

第四，让有需求的人找到你。想象一下，你现在有了自己的品牌细分领域，而且你很擅长这个领域，这个领域还能为他人提供价值，接下来你还需要做什么呢？让我告诉你一条变现的路径：让人们知道你做的事，能找到你，之后让他们体验你提供的产品或服务，最终达成变现的目标。你可以像我一样写文章，也可以做视频、做直播、做线下活动。不仅要做，还要持之以恒。就像一家小店开张后，就要天天开门营业，不能今天开门明天打烊，那样人们会认为你的生意随时可能歇业，和你做生意不放心。

以上是从挣钱角度考虑的。**从个人成长角度来看，人一生只走两条路，一条路缓慢向下，一条路螺旋式向上。**选择了品牌思维，就等于选择了一条螺旋式向上的道路。

疫情期间，很多人消极，但我本人并未受此影响，因为自己完全没时间消极。在其他人被各种消息搞得焦虑烦闷时，我在研究什么板块的股票能赚钱；在别人因封控不能出门而怨声载道时，我利用居家时间不停地看书、写书。我成了疫情期间逆流而上的那群人，根本不会焦虑。打造个人品牌这件事仿佛是我生活的定海神针，有了品牌思维，就有了责任，有了责任，自己就不会迷失方向。我时刻想着如何把该做的事做好，如何让自己不受情绪控制，把坏情绪转化成生产力，让自己更积极向上。这样一来，很多烦恼自然就消失了。

现在，你也可以顺着上面的思路，思考一下自己能从事的领域，尝试打造属于自己的个人品牌吧。

我在这里为大家总结了抖音、快手、今日头条、小红书、微博等互联网工具中最常见的3种变现渠道，希望对大家有用，具体内容见表1-1。

表1-1　抖音、快手、今日头条、小红书、微博等
互联网工具中最常见的3种变现渠道

抖音	1.广告变现
	2.带货变现
	3.私域引流变现
快手	1.广告变现
	2.直播佣金变现
	3.直播带货变现
今日头条	1.原创打赏变现
	2.广告变现
	3.短视频变现
小红书	1.直播变现
	2.视频带货变现
	3.开通付费专栏变现
微博	1.原创打赏变现
	2.付费问答变现
	3.商务推广变现

03 你是在消费还是在挣钱

生活在互联网时代，想挣钱真的不难，只要你有一颗想挣钱的心。 但我观察过身边很多人，发现他们的挣钱思路其实并没有打开，依旧把自己定义为一个互联网消费者。

不知你会不会为了购买打折商品而非理性购物，买一堆根本不需要的东西，随后束之高阁。我见过一个极端的案例，有一个人在"双十一""双十二"等商家设置的打折季里，同一款手机壳竟然买了三十多个。还有一些人每天泡在各类带货主播的直播间里，就等主播一声令下"上链接"，然后鬼使神差般急匆匆把钱花出去。还有一些人原本是为了提升自己而购物，却错把手段当作目标，导致自己花了很多冤枉钱。最常见的就是，不少人花很多钱买来各类网络课程，却完全没时间学习，更谈不上消化吸收，为己所用。本来想通过学习提升自己的能力，从而挣更多的钱，结果还没实现目标，反而先把挣来的钱花光了，这种性价比极低的投资，本质上就是消费。

如果说上面的消费行为是显性的，容易被觉察并修正，那么下面这两种消费行为就是更为恐怖的"隐形杀手"，常常让人在毫无感知的状态下把钱花出去。

一种是网络游戏。让人欲罢不能的游戏情景不仅花费了大量金钱，还浪费了很多时间。当你迫不及待花钱买装备、买游戏筹码，当你心甘情愿把时间耗费在一级又一级的游戏环节中时，你自己是完全无感的。

尤其是当你有了孩子，看着孩子一天天沉迷游戏、荒废学业，错过黄金般的汲取知识的大好年华，甚至还养成很多不利于今后成长的坏习惯，这种消费付出的代价更是无比巨大的，完全无法用金钱衡量。

另一种是App会员费。它的金额并不大，从几元钱到几十元钱不等，但你要注意，自己是否一不小心就被开通会员，还总是被自动续费，每个月无论使不使用，都会被七七八八地扣掉很多钱，因为金额小，经常不会引起你的注意，但会让你在毫不知情的情况下花费了不少冤枉钱。

为什么我们总是不自觉就做了一个消费者，而不是赚钱者？因为我们周围充斥着"挣钱很难，必须付出很多努力才行"的认知，即使真有好的挣钱机会，也会认为不属于自己。其实，你就是不敢。怕自己付出了没回报，怕品尝失败的滋味。但也有少部分人，他们不愿"人为刀俎我为鱼肉"，勇敢去尝试，努力为自己破冰，因此他们也享受到了时代的红利，懂得运用互联网为自己赢得更多挣钱的机会。对于这部分人，临渊羡鱼者只能怀着无比复杂且无比羡慕的心情，冲他们说一句：活该你有钱，活该你变富！

　　同事小D的爱人是卖减肥产品的，生意一直不好不坏，收入也不尽如人意。两人结婚不满两年，不但没有购买汽车，房子也遥遥无期，孩子更是没底气生。每次和她聊天，小D都有意无意地自嘲几句才能缓解内心的焦虑。但前不久，小D的爱人花99元保证金在网上注册了一个小程序店铺，在店铺里专门卖日用品，价格比市面上便宜一些，如果几个人拼单，单价还能更便宜。只要有人在他的链接里购物，他就能赚取佣金。小D在办公室里宣传了一下，当时就有很多女同事表示感兴趣，小D把这些女同事拉到爱人的购物群里，同事再拉熟人，仅仅一中午时间，购物群便增加了近100人。物美价廉的东西大家都很愿意试试，我当天也买了600多元的生活日用品。如果100人里有30人购买，每个人哪怕只消费100元，也能实现3000元的销售额，佣金也能赚几百元。而且，用户一旦形成消费习惯，后续的佣金会源源不断，工作之余每天还能赚一些零花钱，真心不错。

　　其实，这种挣钱方法早已不新鲜，可有多少人看在眼里并尝试了呢？如果非要区分穷人和富人思维，我认为**富人时刻想着，如何让别人掏钱给自己；而穷人时刻想着，怎样把自己的钱掏给别人。**

很多人一想到副业挣钱，惯性思维是自己不是提供产品，就是提供服务。其实不然，你可以通过销售别人提供的产品或服务来挣钱（见图1-2）。只要你选好自己擅长销售的产品，并持续扩大消费群体就行。

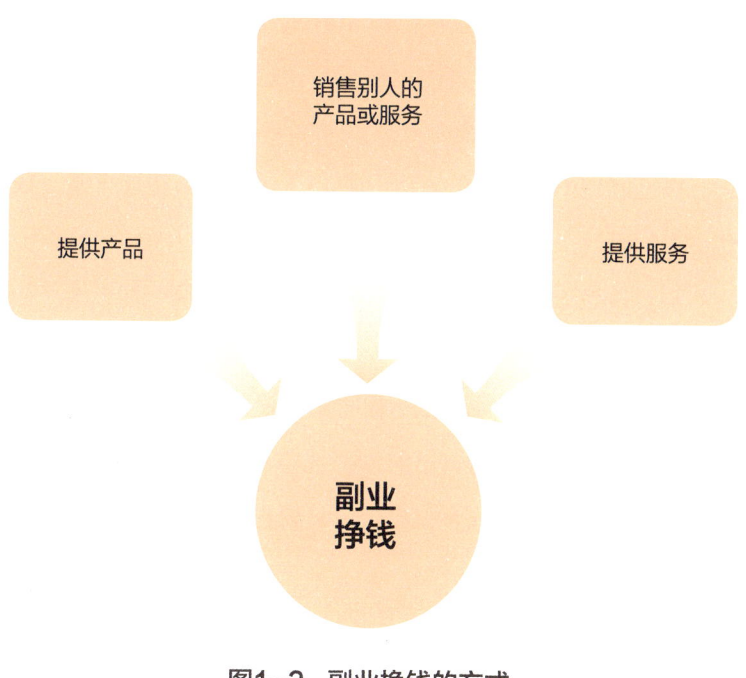

图1-2　副业挣钱的方式

比如，同样是消费品，小D爱人选的日用品就很好，人人都需要，用户用完还得再买。用户如果用得好，就会提升你的口碑。我曾经买过一个唇膏，特别好用，之后我发现在他的商店里有同款产品时，信任度大增，不自觉就推荐给了其他同事。

我还见过卖他人产品的成功案例。我在一个高端社群里学习时，群主发布了一个分佣制的营销推广活动，社群里的成员每卖出一份他的知识星球笔记，就能获得50%的佣金，这款知识星球笔记的课程每份定价365元，扣除平台费用后，卖一份能挣到130多元。当时，有些会员连续卖了300多份，挣了将近4万元。

销售那些比自己厉害的人的产品，也是借势的一种方式，因为自己势能不足时，没有人会为你的产品买单。

自己制造不了产品的时候，做一个销售，离钱近一些，钱也会离你更近。

不要执迷于自己亲力亲为打造爆款产品，换一种思维，挣钱效果就会大不一样。

当然，这个过程并不影响你打造自己的产品。比如你带货厉害，就可以顺势打造自己的营销技巧课，衍生出很多挣钱的可能。副业挣钱的模式有很多种，只要你有想法并付诸行动，就会离钱越来越近。

> 人的思维，不设限是潜龙，设限则是牢笼，关键在于自己怎么想。

你必须记住，富人都很"贪婪"，所以，你也要学会这种"贪婪"。不是贪得无厌，而是遇事不把思维限定在非此即彼的选择中，想办法让鱼和熊掌能够兼得。富人的思维从来不会被禁锢，总是有第三种选择。这里的富人也不是指所有有钱的人，而是指拥有富人思维的人。

过去两年多时间，我支付了不少的费用参加一些高端社群的学习，看到人们的千百种活法和千百种挣钱模式，很是开阔眼界。

群里有位生了三胎的宝妈，高中文化，被大家认识之前，她没有工作，专职带娃，赚钱的事完全由老公负责。在她的生活中，绝大部分的女性不是因为上班，将娃留给老人或保姆带，就是专职带娃，让老公养着。像她那样连大学都没上过的，几乎都选择了专职带娃。但是，像很多故事一样，在三宝不到1岁时，老公和婆家对她各种挑剔，她方才意识到问题的严重性。当时她面临两个选择：一是继续装聋作哑、忍气吞声，把孩子们养大，等待出头之日；二是扔下孩子，找工作养活自己。但两种选择都不是她想要的，她既想要孩子，又想挣钱养活自己。她给自己创造出第三种选择：在网上找了一个社群运营的工作（不给钱），她白天带娃，晚上一边写运营方案，一边学做社群，一年后她开始有了自己的收费社群。她连续三年早晨四点起床读书，写女性成长类文章，去年开始做视频号，每天坚持输出一条短视频，每三天做一次直播，专门教全职宝妈打造个人品牌。她在社群里分享自己的经验时，她说自己终于赚到了人生中的第一个一百万，一百万虽然不算太多，但她却从赚钱的过程中懂得了什么是真正的安全感，获得了前所未有的自由。这位宝妈就拥有富人的"贪婪"思维，遇到困难不给自己设限，不把自己置于二选一的境地，并想方设法去实现自己的目标。

电影《肖申克的救赎》里有句台词："有一种鸟是关不住的，它的每片羽毛上都沾满了自由的光辉。"在我看来，这种鸟就是拥有富人思维、骨子里不甘困窘匮乏的人们的化身。这个世界看似让人眼花缭乱，存在花花绿绿的百态人生，但真正厉害的人很容易识别，他们身上有一个共同特征，那就是永远不会困住自己，让理想载着自己驶向美好。

很多人瞧不起那些"贪婪"的富人，感觉他们薄情寡义、自私自利，其实，贫穷才是种种不幸之源。**如果现在你还无法模仿富人的行为模式，至少可以先模仿他们的思维方式**。不要只做互联网时代的消费者，还要做积极的创富者，只有这样，当财富降临时，你才能将其紧紧抓住。

如果你想成为富人，首先别瞧不起富人，认为富人都薄情寡义、自私自利，否则自己一辈子也成不了富人。因为在潜意识里，你在排斥变富，而很多事情的成败，潜意识起着决定性作用。在你毫无觉察时，你的潜意识已经帮你做好了决定。

金钱是善物，富有本来也是好事，如果你总认为富人是贪婪的、是坏的，你就不可能成为富人，因为人永远不会成为自己很不屑、很讨厌的那种人。如果你想成为富人，可以尝试喜欢上一个富人，让其成为你的致富榜样，并从他身上学到点什么。

04 围绕长远的目标做积累

你知道积累的重要性吗？

不注重积累，人就无法取得成功。在好的事情上做积累，更是每个人一辈子应该做的事情。**好的事情，就是那些能够让你在任何时候都感到心安的事情。**比如攒钱能够让你拥有安全感；锻炼身体能够让你降低生病的概率；保持阅读能够让你内心强大不迷茫；不断积累知识能够让你更为明智……明白了这个道理，你就不会在潮水退去时，变成那个惊慌失措的裸泳者。

积累也有方法。比如：不停地读书，做笔记；多结识优秀的人，写复盘；坚持写日记，找规律；经常保持觉察，勤自省（见图1-3）。关键的是，倘若你能在自己的专业领域，围绕长远的目标不断进行能力方面的积累，你就会变得越来越强大。随着年龄增长，发展速度会呈指数级增长。

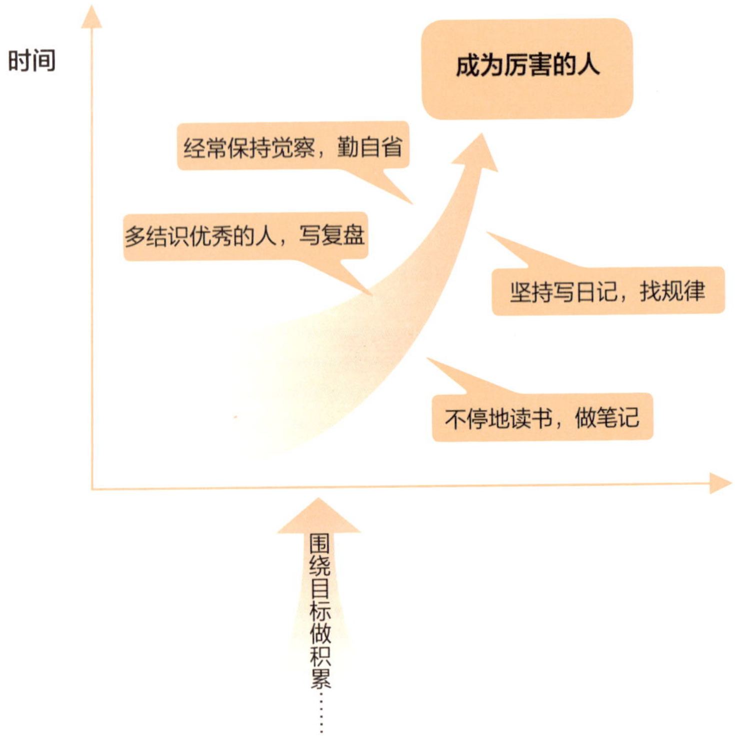

时间

成为厉害的人

经常保持觉察，勤自省

多结识优秀的人，写复盘

坚持写日记，找规律

不停地读书，做笔记

围绕目标做积累……

图1-3　围绕长远的目标做积累

　　我的朋友阿旺，本科和研究生学的都是法律专业，读研时又考取了司法资格证，毕业后通过公务员考试进入法院工作。十多年里，她一直在自己的专业领域努力深耕，不放弃任何一个成长机会，现在她已经是单位里最年轻的民庭庭长，前途一片光明。另一位朋友卡卡，本科学数学，研究生读了法律，也考取了司法资格证，就业时却去了银行，虽然一路跌跌撞撞也付出了很多努力，但职业发展却不尽如人意。现在年近不惑，他不得不重新谋划自己的人生。他俩年龄相仿，家庭背景也差不多，最大的不同是积累的路径。阿旺同学的目标很明确，专注在法律领域打拼，学历、考证、就业始终围绕这一点，不断积累法律领域的知识，到了某个阶段，这些积累彼此就会起化学反应，产生更大的能量，彼此成就，互为助力。阿旺的每次积累都没有白费，能为下一次出发提供更好的铺垫。但卡卡同学就不同了，虽然她也在不断积累知识和经验，在多个领域都取得了成绩，但这些成绩之间没有太大关联，彼此形不成助力。同样的努力和付出，得到的回报却大为不同。

你可以在其他领域广泛涉猎，而且从长远看，任何积累都是有益的，所谓"技多不压身"。但与此同时，一定要懂得围绕重点领域进行深耕，只有这样，才能让自己既拥有多维竞争优势，又拥有核心竞争力。积累也可以形散神不散，围绕目标达成，只要分出主次即可。

能力积累形不成链条的主要原因是目标感不强，缺乏对人生的长远规划，没有认真思考自己想成为什么样的人，总是东一榔头西一棒槌，一生的时光也在各种浅尝辄止中度过了。

很多人的目标会随着时间推移不断变化，绝大多数人一开始似乎也很难有长远的目标。事实上，长远的目标不需要精确到某个领域、规划到具体细节，这样更容易确立，人人皆可拥有。比如，有些人从小觉得自己应该通过读书考学，谋求一份体制内的稳定工作，这个目标很模糊，没有具体到哪个行业，什么工种。

但有了这个长远目标，你在做很多重大决策时就有了依据。你既不可能半路辍学去做生意，也不可能毕业后随便找个工作谋求生计，更不可能在填写高考志愿时信马由缰。有了这个长远目标做保证，你才可能在此基础上，考虑接下来比较具体的实现目标的方式与方法。比如，在读大学时，你又有了新目标。那么大学四年的时光该怎么度过，该考哪些证书，辅修哪些专业，考研时要不要换专业等这些选择又会随新目标而再次进行规划。进入新岗位，你的目标还可以更具体，于是很多选择又会围绕这个目标展开。如此一来，自己每一次的选择都是围绕自己长远目标进行的积累。当然，也有些人一开始就有特别明确和具体的目标，这样更好，能够让你更加笃定地前行。

现在，我相信你已经认识了积累的非凡意义，那么请你从现在开始，将积累提上日程吧！积累你的人脉资源、职场经验，最关键的，是积累你的财富。

其实，我写书也是围绕自己长远目标所做的积累。我有一个愿景，让每一个家庭都有一个理财师，通过我写的书将我的财富积累思想传递给更多家庭，这更是我的梦想。其实，一开始我唯一能做的就是保持"写"这个状态。可谁知写着写着，当内容积累到一定数量，出书的梦想就有了破茧成蝶的基础。后来，我认识了李尚龙老师，他帮我逐字逐句打磨稿件，每周进行至少一次线上会议，详细讨论写稿的事。就这样历时半年，最终有了你现在看到的这本书。虽然此处我省略了很多细节，但相信你依旧能从中感受到积累的力量。

05 几种挣钱方式，总有一款适合你

一、小技能，大变现

我认识一位专门做海报、修图的专业人士，有次在助理的推荐下，我让她帮忙做了次海报，感觉很不错。关键是她特别有耐心，我每次提出修改意见，她都不厌其烦地改到我满意为止。她为人真诚，也不漫天要价，有了第一次的愉快合作，紧接着我们便有了第二、第三次的合作。后来我才知道，她其实有正式工作，开始她只是利用工作以外的时间在社群里接一些做海报、修图的兼职赚点零花钱，慢慢地有很多人知道并认可了她的技能，从此她便业务不断，一个月下来能挣好几千元钱，一年合计将近10万元，这个案例很值得普通人效仿。很多人不屑于赚小钱，但不会赚小钱的人，肯定赚不了大钱。

俗话说"一招鲜，吃遍天"。拥有一技之长是很多人的安身立命之本，更是价值创造的利器，但很多人似乎忽略了这一

点。有些人虽然拥有一技之长却不自知，不懂得加以利用。还有些人完全有条件学习一技之长，却没有这方面的意识，致使自己终生碌碌无为，财富积累更是无从谈起。

二、工作经验化身副业的挣钱渠道

绝大多数人有的只是在目前工作岗位上积累的经验，但千万不要忽略这些经验积累，只要运用得当，同样可以变现。

Z是一个职业规划师，之前他是一家公司的HR，业余时间就在互联网上给人提供简历修改的服务，按照他的建议修改过的简历都得到了招聘公司的快速反馈，很快越来越多的人来找他修改简历，他也因此收获不少。简历看多了，修改得多了，对很多人的职业规划便有了一些自己的想法，再加上他之前积累的HR工作经验，就形成了专门为别人做职业规划的个人品牌。他主要针对的群体是一些面临求职的大学生，一次收费300元，虽然价格不高，但是大学生群体人数众多，这样积少成多，他也挣了不少钱。

除了修改简历，他还提供另一项服务，为用户设计成长发展规划，做个案咨询，但咨询费并不便宜，每小时收费达2000元。

如果你目前从事的工作，可以在市场上满足人们的某种需求，就可以考虑充分利用现有的工作经验，开辟一些细分领域，打造自己的个人品牌，将其作为副业来挣钱。写文字、录视频、开直播等都可以，这是时代赋予每个普通人的福利，更是一条条生财之道。而且，无论何时，那些懂得充分利用自身经验的人总能赚到钱，不是吗？

三、挣钱之法宝——知行合一

有些人会说："道理都懂，但依旧过不好这一生。"其实那些人并没有真正懂得那些道理，如果真懂了，不可能不用那些道理指导实践。

2020年，我在社群认识了一个朋友，他叫赛先生，当时他是个魔术师。我目睹过他让一个不锈钢叉子变成一朵花一样的工艺品，把手机里的红心变到自己的手掌心……令我十分惊叹。但更让我惊掉下巴的是，只经历了短短一年半的时间，他就把自己从一个资产很普通的人，变成年入百万的公司老板，而这并非魔术。他学到："投资要投风险可控、收益无上限的标的。"于是他便花了不到两万元加盟了一个摆小摊卖酱猪蹄的项目。这个项目唯一的投入就是加盟时的不到两万元，并且后续由他介绍加盟的，他还能得到奖励；卖出的酱猪蹄，他还有钱赚；如果客户用他们特有的一个方式支付，他同样可以抽取佣金。他学到："无论做事还是投资，都要有定投思维。"他就天天出摊，和买他产品的人建立强信任关系、坚持每天发朋友圈、把线下客户一一转化到线上，不断增加影响力和复购率。有一次我和他聊天时他说："只要认准了一个点，就坚定执行，不要犹豫。"他是我见过践行这句话最彻底的人。

说到加盟，此处有两个关键点：一是产品要好，二是谨防传销。自古君子爱财，取之有道，无论以何种方式挣钱，一定要有底线思维。

大道至简，但简单并不等于容易。很多人才转而求取其他方法，其实是试图用其他方法掩盖自己的懒惰、懦弱，以图心安，是自己欺骗自己。**真理并不难懂，难的是知行合一。**

赛先生的致富经历中有一个小花絮，在他每个月收入只有3000元的时候，有一份月薪9000元的工作摆在他面前，但他果断拒绝了。他喜欢自由自在地挣钱，不喜欢被约束。在他考察投资项目时，这也是他考虑的重要因素，不符合的宁愿放弃。

这个插曲再次告诉你我，知道自己到底想要什么有多么重要。**在真正的勇敢者那里，财富是取之不尽用之不竭的，只要你能不断地提升自己，财富自然会来。**

四、活出生命的厚度

其实，绝大多数人都不可能像赛先生一样，为了自由而拒绝一份高薪的工作，很多人不得不为挣钱养家而牺牲自由。而且，每个人的时间都是有限的，极有可能即使忙忙碌碌一辈子，所挣到的钱也不能令自己满意。那么该怎么办呢？

此时你需要想明白一个事实，其实挣钱仅仅是人们实现目标的手段，并非人们真正追求的目标，等到挣了足够的钱之后，实现"想做什么就做什么"的自由，才是人们真正追求的目标。我们经常能听到有些人说："等我挣够了钱，就不用去上班，天天陪家人旅行……"你看，天天陪家人旅行以及后面省略掉的内容，才是人们真正想要实现的目标。

但很遗憾，很多人错误地把挣钱当成了目标，为此耗尽一生，也没有实现自己的人生目标。真的应了王尔德那句话："活在世上，是非常罕见的一件事情，大多数人只是在世上，但并没有活过。"想到这一点，不禁感到一丝悲哀。

30岁以后该何去何从？对年龄的恐惧时不时会袭来，直到我找到一个办法——把时间变厚。**我们无法决定时间的长度，但可以选择增加它的厚度。**当我不得不为了挣钱付出时间时，会尽量把自己真正想做的事也顺带着做了。比如，上班之余可以读书、写作、投资理财等。这个思路也被我用到生活的方方面面。我经常一边理发，一边更新知识星球笔记，在两个小时的时间里，我不但做好了头发美化了自己的形象，而且通过写文章来更新知识星球笔记，既满足了自己的喜好，还能让知识变现；我经常一边洗漱，一边听有声书，不但做好了个人卫生，也学到了知识；我经常一边健身，一边构思课程体系，鱼和熊掌能兼得。

只不过做这些有个前提，那就是你一定要想好自己想成为什么样的人。你只有想明白这一点，增加时间的厚度才会有意义，你才会合理安排自己的时间，不让自己浪费每一分每一秒。

我想成为能给他人带去希望和正能量的人。为了实现这个理想，我还需要付出很多努力、做很多事情，当我把这些事情和其他事情叠加到一起去做的时候，会产生很大的成就感。这也是我在忙碌中，不但有勇气面对挑战，还能感觉到生命很饱满的原因。

请你珍惜那些把时间看得很重，却愿意为你花时间的人吧！因为他们有意识地选择用生命陪着你，这样的人如果不珍惜，其他人更不值得你珍惜。

现在回答我一个问题：假如你既想学习弹钢琴，又想娱乐刷视频，怎么办？我的做法是把刷视频的时间用来学习弹钢琴，重视自己的技能学习，这没准儿以后还能成为你的另一个挣钱方式。我见过很多人将自己的专长做成课程，在网上教学，有的教绘画，有的教乐器，还有的教舞蹈。想象一下，自己一边陶醉在美妙的琴声中，把弹钢琴的技艺传授给他人，一边在自己毫不费力的情况下挣到钱，那感觉真的是太美好了。

世上最幸福的挣钱方式，莫过于利用自己的兴趣爱好来挣钱。既获得了物质利益，又满足了精神需求。

第二章
用心存钱

不是你没钱，而是你没存下钱

一、为什么你总是存不下钱

上大学时，有位舍友说过一句话令我记忆深刻，她说：**"没开始挣钱时，省下的钱，约等于挣钱。"** 当时我觉得，舍友真会自欺欺人，典型的阿Q精神。后来我明白了，舍友的思维方式恰恰直击问题本质——她看的不是增量，而是存量。

对于财富积累，存量比增量重要。增量好比进水口，存量就是水槽里能留存的水，如果出水口的水流速度远远大于进水口的水流速度，再大的增量也不过是过路财。

上高中时，我的老家经常出现暴发户，当地政府出于公共建设考虑，需要征用当地农户的自留地和自留山，征用后会给相应补偿款，从几万元到几十万元不等。有的农户被补偿了几十万元，这笔钱或许他们忙忙碌碌一辈子也挣不到，在老家的亲戚中也有好几个这样的幸运儿。按理说，这笔钱如果能运用得当，完全可以让自己迅速致富。但奇怪的是，这么多年过去了，这些亲戚的日子不仅未能因此改观，有的子女反而因这笔"巨款"染上了很多不良恶习，日子过得甚至不如从前。很多时候，人们不是没钱，而是有钱但没留住。网上有段视频，题目是"开豪车跑滴滴的不一定是司机，有可能是身家千万的拆迁户"。虽然是段搞笑视频，但这样的事在现实生活中却真实发生着。有一个拆迁户一夜暴富，不知如何驾驭这突然到来的巨额财富，最后想出了买辆兰博基尼来开滴滴的赚钱方式。听完真是让人不禁爆笑3秒钟，又要沉思3分钟。

我认为第一个把金钱比作水的人，真的是天才！金钱确实如水，流进来，如果不刻意蓄水，水即刻就会流走；光蓄水，不使之流动，就是一潭死水，时间长了水还会蒸发。同样，金钱不流通就只是数字，时间长了还会贬值；蓄水池里的水，只要善加利用，如用来发电，就能转变为更大的能量。而金钱利用得当，也可以创造更大价值。

阿塔卡马沙漠是世界最干燥的地区之一，平均年降雨量不到1毫米，被称为世界的"干极"，于是人们创造了一种网状工具，实现"捕雾取水"。雾是一种液体，潮湿的雾气能够在细小的网眼里凝结成水滴，人们利用网状工具将这些水滴积攒起来，并通过输水管流到专用的蓄水桶，用于饮用和农业灌溉。即便用水如此艰难，那里的人们依旧能正常生活并从事生产。如果我们把"捕雾取水"比喻成财富的积累，无异于把一个个面值为一角钱的硬币储存起来办大事。

一个人财富积累的速度和厚度，也由一张"网"决定，这张"网"就是储蓄。"雾"就是你多买几斤樱桃花掉的几十元，旅游区多吃几根雪糕花掉的十几元，为了买打折商品花掉的不必要的每一个19.9元、29.9元。怎么才能捕到"雾"呢？在自己每次花钱时，向自己提出灵魂三问：这个商品必须买吗？不买会损害身体健康吗？不买会损害精神健康吗？如果回答都是否定的，或者是不一定，那就先不买。图2-1清晰地展示了不同消费习惯的结果对比。

我上学时有过一个体验，当我和舍友一起逛网店，把各式各样的衣服和日用品不停加入购物车，结账时发现，每件都不超100元的东西，加起来竟然要花掉八九百元。买回来花花绿绿一大堆，其实很多东西根本用不着，搁置在那里，最后仅仅是早扔和迟扔的区别。后来我再次购物时，会把想买的商品加入购物车先停留一周，一周后点开再看，很多商品就不想买了，将其删掉，再停留一周后点开，继续删掉不再想买的商品。结果发现，真正让自己魂牵梦萦的商品其实并不多。

> 很多消费，其实是为我们的冲动和贪婪而买的单。

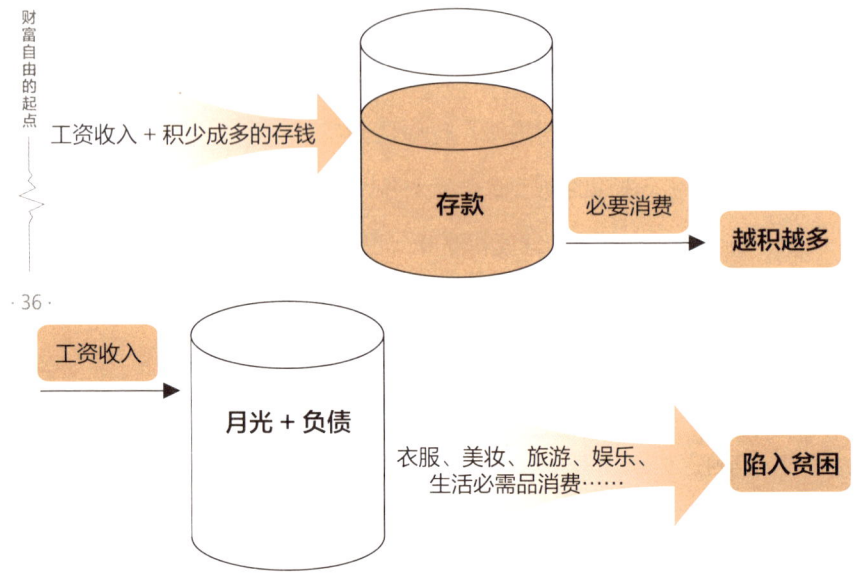

图2-1　不同消费习惯的结果对比

二、存多少钱，难的不是数量，而是"存"这个动作

南怀瑾先生讲《金刚经》时说："功德是积功累德，是下功夫花时间一点一点累积起来的。"功德靠积累，其实做任何事，当你把时间拉到足够长，日拱一卒，就会取得巨大收获。

比如存钱，某个月有较多钱进账时，一次存5万、10万不难。可如果让一个人每天存50元、100元难不难？很难。在一个理财社群中，群主让所有成员自己设定一个存款金额，设定以后，每天按照这个金额存款，连续存一年，体会一下积累的力量。结果一个月不到，好多人都掉队了。人们并非被存钱的数量难住了，而是受困于自己的耐心和毅力。

做任何事，只要把耐心和毅力两个底盘筑牢，就很容易成事。而且，成大事还是成小事并不重要，重要的是能成，这个体验很重要。有的人从来没有成功攒下一笔钱，是因为自己从来没有攒下哪怕1000元钱的体验，没有尝到积累的甜头。积累的过程是枯燥的，不仅毫无新意，还需日复一日地等待。好比毛竹的生长过程——毛竹在生长的前4年，每年只生长3厘米，这种漫长的等待让人绝望，但如果能忍耐这种等待，从第5年开始，毛竹便能每天生长30厘米，短短几周时间便能长成郁郁葱葱的竹林，壮观无比。如果你学会和时间做朋友，耐心等待，就没有实现不了的目标。如果不懂得慢慢积累的意义，追求财富就好比缘木求鱼，方向、方法不对，永远实现不了目标。

我上高中时，学校每年都会举办长跑比赛。比赛方式很传统：口哨一吹，大门一开，全体学生就会鱼贯而出，驰骋在绕城公路上。一开始大家争先恐后，甚至嬉笑追逐，场面甚是热闹，但不到20分钟，很多人便开始掉队。再过20分钟，路上只有稀稀拉拉十几个人，到最后跑回来的同学更是寥寥无几，90%的人都会在中途放弃。**无论是跑步还是存钱，只要你学会和时间做朋友，并做到持之以恒，成功就没那么难。**

著名广告人华杉在其所著的《华与华正道》中说，正道就是大道，就是平常道，就是事物发展的规律。比如，日日不断，专注坚持，一生只做一件事，靠积累，就必有成就，这就是正道，就是事物发展的规律。有些人总想走"歪门邪道"，不愿承认自己急功近利，认为"只要人死了，便万事已成空，生前再多成就都是身外之物"，各种朝三暮四，还美其名曰"活在当下"。但总有一些人，也明白人生苦短的道理，却依旧孜孜不倦，积跬步成千里，专注拼搏，积累财富。并非他们不想享受当下，而是他们更加明白，人生的意义在于创造成就，实现自我的价值。这样才能在自己回首往事时，不因虚度年华而悔恨，不因碌碌无为而羞耻。

树立存钱意识的第一步就是了解自己的资产负债状况。现在，你可以统计下自己的资产和负债，并把结果填在下面这个表格里（见表2-1），相信无论结果如何，都会刷新你对存钱的认知。顺便给你一个资产和负债的判断标准。负债说白了就是欠他人的钱，包括现金借款和贷款，如信用卡贷款、房贷、车贷，以及你欠朋友的钱，等等。资产的判断标准一般有3个：可以即时使用的现金资产；可以用于投资的投资资产；自用的自有资产。只要能在这三者中满足其一就是你拥有的资产。

表2-1　你的资产与负责

负债	资产

02 像爱自己一样爱钱

被誉为"财富与幸福的人生指南"的《纳瓦尔宝典》中有这样一句话："对一件事情的欲望越小，顾虑就越少，执念就越少，反而越会顺其自然，遵循内心。"这句话不由得让我想到人们对金钱的态度。**绝大多数人对金钱充满了欲望，而非真爱。对金钱的欲望越大，顾虑也就越多，控制欲也越强，执念也更大。所以，很多人的行为都是扭曲的，得到的结果自然也不会顺心如意。**

爱钱是人之常情。其实，大多数人对钱未必是真爱。举个简单例子，真正爱钱的人，明白赚钱的前提是保证资产的安全，并用钱生钱。但现实生活中，我们看到太多人在投资时随意加杠杆，不顾及这种行为带来的高风险，最后一夜之间倾家荡产。如果像爱自己一样爱钱，则会把钱的安全性放在第一位，这才是真爱（见图2-2）。

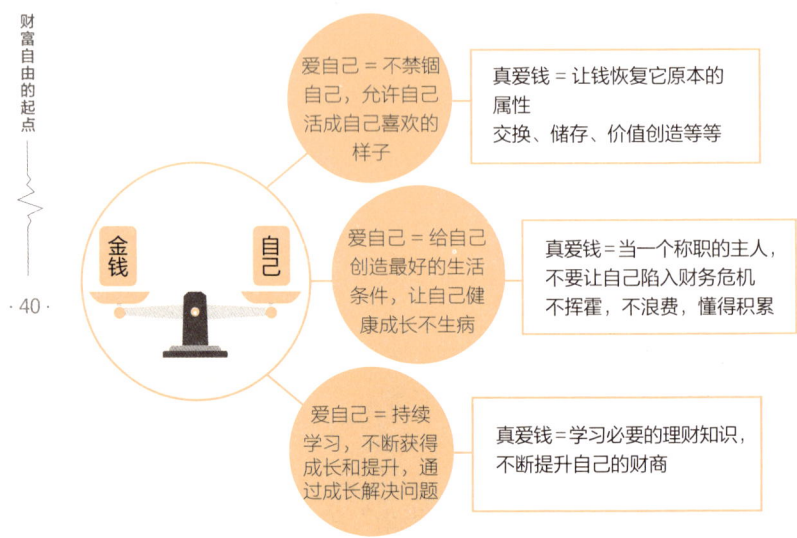

图2-2　像爱自己一样爱钱

首先，如果对自己是真爱，你一定不会禁锢自己，允许自己活成自己喜欢的样子。在投资理财领域何尝不是这样，**真爱钱就要让钱恢复它原本的属性。**钱的原本属性有哪些？交换、储存、价值创造等等。发挥钱的什么属性，应视具体的情形而定。假如你现在露宿街头，食不果腹，就需要发挥金钱的交换属性。花掉一部分钱，换取温饱。如果你此时有钱却不舍得花掉，宁愿忍饥挨饿，就是被扭曲的金钱观支配了。金钱在流动过程中能够创造更大的价值，虽然我们提倡节俭，但是该花钱的时候，一定不能吝啬，比如花钱提升自己的认知水平，这样的钱有必要花。包括经常听到的"财散人聚，财聚人散"，其实说的都是同样的道理。

此外，倘若对金钱充满了欲望，就会被占有欲支配，忽视分享所带来的收益。比如，朋友圈经常有人向我咨询如何做短线股票投资，表示想跟我一起买卖股票，投资我推荐的标的。但是当我做理财社群招募时，这些人却没有来付费报名。我想，他们并没有意识到，花钱购买真正有价值的服务不断提升自己是非常必要的，这样才能增加自己的收益。金钱的流动就是能量的流动，而能量不可能永远流向某个地方，更不可能静止不动。要明白，钱如果不流动，财路也不会通畅。

而且，如果一个人对金钱只有欲望，即使投资了好的股票标的，不懂得如何操作，也不可能取得收益。欲望太强烈的人往往不懂得见好就收，不懂得把赚到的钱先留住，一心只想不停地赚到更多的钱。然而，股票的反复涨跌就像过山车。这种人看到股票涨了，不顾一切把钱投进去，但"高处不胜寒"，当股票涨到一定程度后跌下来时，自然就会亏损。

不仅如此，金钱本身也有气质，这个气质是使用金钱的人赋予它的，使用者和金钱的关系是能量体和能量的关系，你是什么样的能量体，就会吸引什么样的能量。当一个人想不主动付出而取得收获时，金钱也不会主动靠近他。

这些年我通过互联网认识了很多牛人朋友，他们不仅在思维方面给了我很多珍贵的启发，也在个人品牌的打造方面给了我很多有价值的建议。每逢节假日，我会挨个发红包给他们，虽然金额不大，但足以表示我的感激之情。比起这样的小小心意，朋友们给予了我更大的支持和信任。我的理财课程第1期招生时，好几位朋友主动帮我转发海报。这是因为，我赋予了金钱以回报的气质，金钱就变成了爱意的流动。

发红包这个行为好处多多。如果你是一个爱发红包的人，就会很容易受人关注，赢得信任，被人喜欢。很多人觉得这样做毫无意义，还浪费了钱，其实不然。正如前文所说，金钱就是能量，当你发出红包，意味着释放出了能量信号，就能吸引很多人向你靠拢，而有了很多人的支持就意味着自己具备了创造财富的条件，相当于你用红包为自己营造了一个被财富包围的环境。

其次，爱自己，就会照顾自己的饮食起居，尽量给自己创造良好的生活条件，让自己的身体状况保持健康。像爱自己一样爱钱，就是要做钱的称职主人，保证自己的资产安全，不要让自己陷入财务危机。这需要我们平时做到不挥霍、不浪费，懂得积累。对很多人来说，这一点必须时刻强调。因为它不仅关系到财富本身的积累，更关系到一个好的消费习惯的养成。坏的消费习惯一旦养成，便很难戒掉。相反，如果养成了一个好习惯，不仅对自己的人生大有裨益，也能很好地影响和引导自己身边的人。

最后，爱自己就要持续学习，让自己不断获得成长和提升，解决眼前困扰自己的问题。像爱自己一样爱钱，就是要让钱生钱，让财富高效积累。为了实现这个目标，我们要学习很多理财知识，不断提升自己的财商。你也可以去报网课、看书、请教高人……你只有不断学习，才能不断提升自己的认知，逐渐积累财富。

当我们在学习理财的过程中遇到问题时，一些人怠于解决，宁愿选择逃避，任由事情向糟糕的方向发展。也有很多人对我说："老师，理财知识我懒得听，听不懂，没时间去研究，你直接告诉我，买哪只股票，买哪支基金，我直接买就行。"这就相当于放任自己的问题不管。即使你真的跟着懂行的人买进卖出，但对方不会天天告诉你什么时候补仓，补多少仓，明天卖还是不卖，卖的话卖多少，等等。最终你还是要通过自己摸索、学习和积累，总结出一套适合自己的投资理财体系。

也有人经常问我："我月薪不足5000元，有没有必要理财？""我是理财小白，没有任何基础，怕听不懂你的课，到底要不要学呢？""我现在钱不多，没必要打理，等有钱了再学习也不迟吧？"这说明很多人并没有真正认识到学习理财的必要性。事实上，健康和理财是值得我们终生为之奋斗的两件事。健康的身体是人之根本，失去健康，其他一切事情便没有意义；而没有钱，人就会处处受限。既然我们永远赚不到自己认知范围以外的钱，为什么不花精力去学习投资理财呢？

从我个人的经历来看，学习理财知识确实让我受益良多。

10年前，我和同事买股票，同事至少还懂得要看看K线，而我则完全凭感觉来买进卖出，甚至会因为股票的名字好听就选择买进，结果可想而知，自己亏得一塌糊涂。这次经历成为激发我后来学习理财知识的最大动力，现在我的理财能力比之前强出不知多少倍，所获得的收益也比以前高很多。

03 做好7件事，帮你摆脱债务困境

你有被债务缠身的烦恼吗？

一位学员曾咨询我，说自己经营了两家儿童乐器培训工作室，因资金周转的需要，多次向支付宝和亲朋好友借钱，共欠债40多万元。她的工作室收入不太稳定，每月赚多少钱全看当月报名学习的人数，有时甚至没有任何进账，而每个月的固定支出包括房租、水电费、员工工资，共计18000多元。即便她向朋友借到了钱，对方也没有让她着急还钱，但借呗、花呗还有信用卡欠款还是让她焦头烂额，并且已经严重影响到她的日常工作，她感觉自己彻底失去了希望，不知什么时候能走出债务的泥潭。

我问她账户里还有多少钱，总共要给多少人还款，她想了一会儿说，自己从来没有疏理过，不知道准确数字是多少。过去也是因为从不疏理账户中的钱，不知支出多少、剩余多少，总觉得还有钱，一些不必要的支出也没有及时砍掉，结果入不敷出，只

能借钱维持运转，那40多万的欠款，就是这样积累而来的。

在我的咨询生涯中，这位学员遇到的困境并不罕见，我让她做了以下7件事，我相信这些事对大多数想要摆脱债务的人都有借鉴意义（见图2-3）。

1. 疏理自己的所有欠债	2. 清点账户余额，做到心里有数	3. 制订详细的还款计划	4. 留一部分钱出来，定投一个风险较低的金融标的

7. 培养自己的赚钱能力，坚持做正确且有意义的事	6. 为自己设定每月支出的最高限额	5. 为自己的开支节流

图2-3　能够让你摆脱债务的7件事

第1件事，疏理自己的所有欠债。疏理时，把每项欠债按照借款利率的高低和还款时间的先后顺序逐项列出，让其一目了然，方便后续制订还款计划，同时可以缓解焦虑。

> 很多时候，人们更怕的是被债务笼罩的窒息感，一旦债务清晰明了，压力就会大大减轻。

　　第2件事，清点账户余额。看看扣除当月的所有必要支出后，还剩多少可支配的钱款，做到心里有数。此外，清点闲置资产并在二手市场出售，也能在一定程度上减轻还款压力。

　　第3件事，制订详细的还款计划。还款时要遵循以下几个原则：第一，对于有息借款，先还利率高的，再还马上到期的。这样可以避免债务像雪球一样越滚越大。第二，对于无息借款，先还欠债久的，再还金额小的。因为无息借款一般来自亲朋好友，如果久借不还，一方面是对亲友不负责，会直接影响到他们的理财收益。另一方面也会对自己的信誉造成非常不好的影响。第三，对于那些可以一次性还清的小额欠款，最好尽快偿还，让债务清单逐渐缩短，提振自己的还款信心。很多人面对一眼望不到头的债务，很容易产生破罐子破摔的心理，索性一分不还，这样就彻底被债务摧毁了，后果不堪设想。先把小额债务还清，就是在给自己创造希望。

　　无息借款中，对于金额较大，还款时间差不多的，建议每个借款先偿还一部分，之后分批偿还完毕，这样做也有利于维护自己的信誉。同时，记得给暂时还不上钱的债权人打个电话，问问对方是否急用钱，说明自己的还款计划，让对方觉得自己是一个可以信赖、做事靠谱的人。

第4件事，留一部分钱出来，定投一个风险较低的金融标的。留存的部分最好占剩余资金的30%～50%，比如，这个月你有1000元可以用来还债，那最好从这1000元中留出300～500元，定投一支宽基指数基金，或者存在余额宝里。

这样做主要有两个理由：

第一，**对于绝大多数负债者来说，压垮他们的不是债务本身，而是手上没有任何现金流支撑他们东山再起。**这种状况会让他们深陷在债务的泥潭里，根本没有精力、也没有一点资本打翻身仗，重新创造收入。

第二，如果负债者在清偿债务的同时，能存下一部分钱，就能实现还债和储蓄的双重目标。当债务偿还完毕，他们不会两手空空，仍然拥有能让生活重燃希望的资本。

第5件事，为自己的开支节流。这就不得不说到两个概念，即需要和想要。需要，是指维持生活必需的花销。这部分支出直接影响衣食住行的各个方面，保证自己衣能蔽体、食能果腹、不去睡桥洞街头。想要，是指满足欲望的花销。这项支出即使取消，也不会影响自己的生活起居，比如旅游、购买高档车、名品包包等花销。

在需要和想要之间，有很大的费用削减空间。比如在需要层面，一个面积100平方米左右的房子就可以满足大多数家庭的居住需求；如果你想买面积200多平方米的复式套房，就大大超出了需要的范围，是在为想要而买单。每当花钱时，请你问问自己，这是我生活必需的吗？如果不是生活必需，就可以把钱省下来。我再次提醒各位，不要小瞧每一分钱，你在这里花一点，在那里花一点，再多的钱也会慢慢花光。

第6件事，为自己设定每月支出的最高限额，超出后必须停止消费。 如果总是没到月底就超出限额，可能是你对支出的感知太弱了，这大概是过于便捷的电子支付带来的副作用。为了减少不必要的花销，我们必须增强对支出的感知，具体做法如下：以月为单位对银行、支付宝、微信的收支明细进行记录，尤其要把比较大的支出记下来，每月汇总一次；每半年或一年再汇总一次收支总数据，如果每个月的收支较为规律，可以记录最近1到3个月的收入和支出，然后分别乘以12和4估算全年的收支金额，这样可以保证对收支做到全局把控。

第7件事，培养自己的赚钱能力，坚持做正确且有意义的事，不断提升自己的价值。 还债期间，你首要的任务就是好好工作，提升自己在工作中的价值，业余时间也可以健身、读书、演讲、写作等。做这些事，一方面可以打造自己的多维竞争力，另一方面也可以让还债的日子不那么艰难和单调。如果你能坚持下来，等到无债一身轻的时候，回望自己过去的努力拼搏，还会收获人生中一笔重要的精神财富。

04 是什么减缓了你存钱的脚步

我以前特别不认同别人在花钱时反复斟酌的做法，觉得还不如用那些时间琢磨一下如何赚钱。但现在我的看法彻底改变了，明白他们这样做并不全是因为抠门，而是一种对金钱负责任的态度和习惯。

富人是精致地抠，穷人是大方地花。

在超市购物时，很多人付完款总要把单据从头到尾核验一遍，有疑问的地方，会立刻去找服务人员。而我从来只付款不看单据，甚至挑选商品时都不看价格，只考虑自己需不需要，需要就买，买了就走，有时看后面排队的人有很多，我还会让收银员不必打单子。仔细琢磨一下，我这个习惯其实特别不好。收银员每天要重复无数次的扫码收款动作，难免出错，换我自己来做这份工作，也不能保证万无一失。连自己都不敢保证的事，反而能对别人放心，美其名曰"信得过"，其实只是自己懒惰和欠缺责任心，把责任推给了对方而已。但实际上，金钱损失的风险还是由自己承担。

去年"双十一"，我一口气下单了购物车里所有的书籍，快递陆续到家后，我却感到崩溃，因为我发现同样的书，因为反复加入购物车，一下买回来好几本，可见在下单时，我竟然连看都没多看一眼。虽然每本书的价格并不贵，但经过这件事，我意识到自己对日常花销的怠于管理。

慷慨和浪费本来就是两码事。

比如很多人认为请朋友吃饭时多点几个菜是慷慨的表现，本来两个人吃饭，请客的人却点了四个人的分量，就是为了不让对方觉得自己抠门。其实，这根本不是慷慨，而是浪费。慷慨，是哪怕朋友喜欢吃的菜很贵，只要自己能承受，也会满足他的需求。浪费，是明知道对方需求的情况下，非要提供超出需求的食物。

小时候，我妈妈总是不厌其烦地把没人的房间里的灯都关掉，我对这种做法很不理解，认为开灯耗不了几度电、费不了几角钱，但妈妈对我说："过日子不得不仔细，待人不得不大气。"那时，我对这"老掉牙"的理论充耳不闻，现在才明白，妈妈的理财智慧是集中力量办大事。我的父母都是普通工薪阶层，结婚时几乎没有任何财产，还背负着父辈如山的债务。他们硬是凭借省吃俭用和勤奋努力，实现了生活的"逆袭"，至少我和哥哥从未因学费向亲朋好友伸手借过钱。虽然时代不同了，人们的金钱观和消费理念发生了很大的变化，但只要你还会为没钱焦虑，不得不减少与家人的团聚时光，或以牺牲身体健康的方式换取金钱，相比之下，精打细算就有很高的性价比，在当今的时代仍然是颠扑不破的真理。

> 当你大手一挥，恣意地说："自己花的不是钱，而是活着的意义。"请记得，这并非什么意义，而是任由生活宰割的无力。当你甩甩头发，潇洒地说："自己花的不是钱，而是不想让自己太委屈。"别忘了，今天你不为攒钱受委屈，明天你就会为挣钱受委屈。

很多人存钱完全是以自己短期内的某个欲望为动力，当他们没有足够的钱来满足这个欲望时，才会强制自己存钱。这种存钱从思维方式上就有问题，这样想的人，最终也存不下钱。

比如你想出去旅游、想买名牌包包，这些都属于欲望，欲望是无穷的，而钱是有限的，不可能满足你的一切欲望。当某个欲望无法实现时，你就会意识到自己必须要有更多钱，从而激发出存钱的动力。这会导致什么结果呢？就是当你存钱到一定量后，为了满足某个欲望，你会把存款掏空；然后你会又一次产生一个欲望，为了满足这个愿望再次努力存钱，最后再把钱花出去……如此周而复始，看起来你很能存钱，但实际上都花光了，这就是无效的存钱。

想要有效存钱，更高级的做法是去了解人性，并且摸透它。**很多人与其说想存钱，不如说想花钱。**他们之所以存钱，只是因为没有那么多钱来随时随地满足自己的欲望。所以，想要从根本上解决无效存钱，不如了解自己为什么会产生这个欲望，然后想办法合理控制自己的欲望，钱自然而然会攒下来。

如果说强制存钱是治标，那么纠正人性的弱点就是治本。纠正自己人性的弱点分三步，首先我们需要通过行为去发现自己的思维模式，然后通过调整思维模式改变自己的习惯，最后由习惯的改变带来行动的变化。

举个例子，我缺钙，看到一位博主推荐了钙片，我立刻下单购买。买回来后，我才发现家里还有两瓶钙片根本没开封。我买钙片确实是为了解决缺钙的问题，所以钙片是必需品，并不是多余的花销。但实际上，我并不需要购买更多的钙片，而是需要行动起来，服用这些钙片。经过这件事，我发现了自己的思维模式：只希望用钱来买到效果。我也搞清楚了解决缺钙的真正办法：坚持吃钙片。在这次消费中，我原本只是为了解决缺钙的问题，却只想通过花钱来解决这个其实不能仅靠钱来解决的问题，这种错误的思维模式导致了多余的花销。

我们生活中的很多消费场景都和"买钙片"类似，如果我们能反思自己的行为，并从行为中分析自己的思维模式，找到自己人性中的弱点，再针对弱点找到解决方法，就能免去很多无用的支出。

除此之外，生活中很多人深受"不好意思"的困扰，为自己制造了很多无谓的金钱负担。最近，我的同事小刘遇到一件烦心事，他总是被某银行的客服人员建议做信用卡分期还款，然而那两万多的消费金额根本不是他自己消费产生的，而是他的表弟。3个月前，他表弟买房装修手头紧，向他张口借钱，虽然他自己也没有多少钱，但不好意思不帮忙，就把有10万元额度的信用卡借给表弟使用。他本以为，这样做既能缓解表弟短时间内的资金紧张，分期的方式也不会给表弟太大的还款压力，却没想到卡是自己名下的，表弟不主动还款，他只能自掏腰包。

能量的给予有以下4种状态（见图2-4）：

第一种：支助者强，受助者弱——这是真正的帮忙。

第二种：支助者强，受助者强——这是互相成就。

第三种：支助者弱，受助者强——这是受助者对支助者的掠夺。

第四种：支助者弱，受助者弱——这种其实越帮越忙，支助者很容易把自己搭进去。

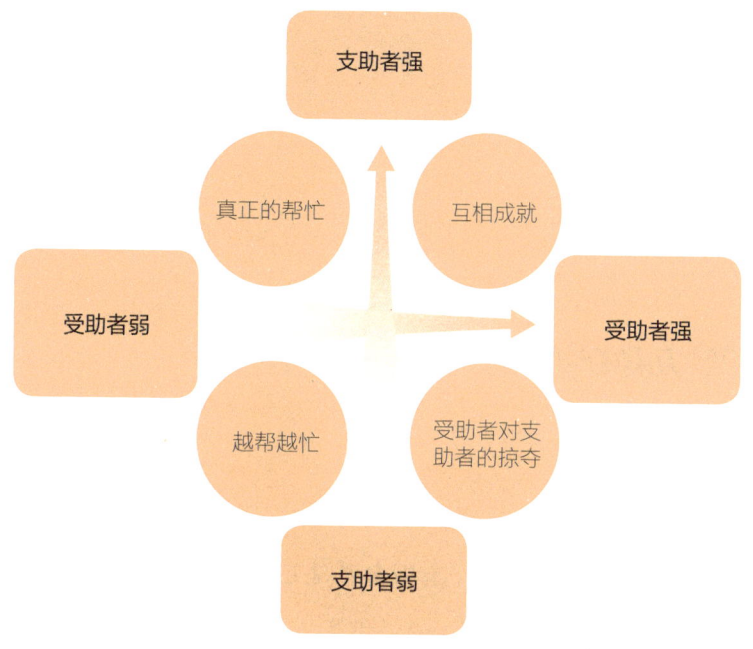

图2-4　能量给予的4种状态

　　我同事小刘的例子就属于第四种，他看似在帮助别人，却忽视了自己的能量大小，最后越帮越忙。金钱就是能量，向别人输送能量的前提，必须是自己的能量足够强大，否则支助者就是打肿脸充胖子，只会让自己本来就弱小的能量变得更薄弱。

　　以上3种阻碍存钱的思维方式，不知你是否看明白了。

05 几种存钱方式，总有一款适合你

你经常用的存钱方式是什么呢？

如果有心存钱，网上有很多理财工具可以帮助我们，下面三位伙伴的存钱方式很值得你我借鉴（见图2-5）。

第一位伙伴用的是一款理财小工具。她第一天存1元钱，第二天存2元钱，第三天存3元钱……就这样每天按照公差为1的等差数列金额存钱，每天只需多存一元钱。写文章时她已经坚持了64天，我算了下，她现在应该存下2080元了。这个数字乍看不多，但如果知道她坚持一年之后的账户余额，你一定会十分震惊——用等差数列的求和公式计算出，存钱365天的金额共计66795元。这种不显山不露水、攒钱于无形的方式，也可以一鸣惊人。

第二位伙伴用的理财工具，每月在固定时间存500元进去，到我写文章时她已经坚持了30期，账户余额15000元。用她本人

的话讲："不知不觉已经存了1万多元，看到余额时的惊喜简直无以言表。"

第三位伙伴更厉害，她在某手机银行App上坚持每月定投300元给一支基金，到我写文章时她已经投了9年，年化收益率达到9%。

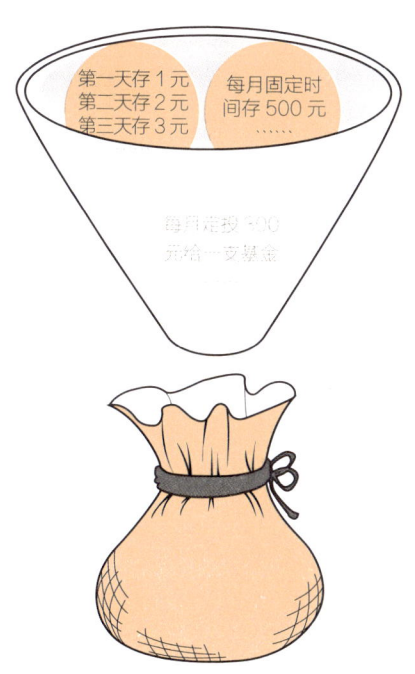

第一天存 1 元
第二天存 2 元
第三天存 3 元

每月固定时
间存 500 元
......

每月定投 300
元给一支基金

图2-5　3种存钱方式都积累巨大

看了这些成功的理财案例，不知你注意到没有，64天、30期、9年，这些数字都在传达一个讯息：重视积累的力量！很多

==时候，决定财富积累多寡的，不是收入的数量，而是一个小小的理财习惯。==积沙成塔、集腋成裘的道理，在理财领域更为实用。同样是10元钱，如果每天花10元，并不能给我们带来显而易见的愉悦感，除了养成天天消费的习惯，什么也得不到。

==不积跬步，无以至千里。在实践的检验中，我们才能得到更深的领悟。==

有些人盲目地进行高风险投资，或者随意加杠杆投资、借钱投资；有些人索性不理财，幻想某天赚一把大钱、有了第一桶金后再理财，结果白白蹉跎了时间，错失资产增值的机会；有些人不仅把存量财富亏光，还产生了对财富积累的很多错误认知，活成抱怨社会不公的"老愤青"。希望我们都能从这些失败的案例里汲取教训，走好自己的理财之路。

在理财领域，成功才是成功之母。==一个成功的理财习惯，会引导自己走向财富积累的更大成功。==就像上面第三位伙伴说的："我只是每月投了300元，就有这么好的收益，如果是1000元、2000元，甚至更多呢？"然而对于理财，很多人还是懵懂的，这就需要一次小小的理财成功体验，让你尝到甜头，才能实现理财启蒙，走上成功之路。

我们生活在一个每天都被各种信息不断制造焦虑的时代，如果不能找到一个轴心，牢牢围绕着它前行，很容易会情绪内耗到崩溃。想要找到轴心，就要理解人生和财富都必须在时间里慢慢沉积，不急不躁，稳扎稳打。让时间陪我们积累知识、陪我们每天成长、陪我们慢慢变富，我们就会活成充满希望、且梦想终会实现的人。

　　本章最后，我专门为你设置的习题是：关于存钱，你能想到的方法有哪些？这些方法各自的收益率如何？

第三章
理性花钱

01 花钱的三个维度

生活中的你，花钱有自己的标准或维度吗？

我是一个大大咧咧的人，生活中也不修边幅。毛衣穿脏了也懒得拿去干洗，我会把它直接扔进洗衣机，引得同事调侃我说："这衣服的做旧效果极好，像穿了很多年的感觉。"但是，像我这样活得特别粗犷的女人，居然也买了一个美容仪，为什么呢？我想从理财角度分析一下，我花钱的三个维度，见图3-1。

第一，花钱一定买刚需，这是基本思维。比如，美容仪对于我这个奔四的女性来说，绝对是刚需，我能忍受衣服褶皱，但我不能忍受脸上的皮肤过早褶皱。买美容仪可以让自己变美，而变美会让我感到幸福和快乐，对我而言，这算是精神上的刚需。但我知道也有些人并非像我这样在意自己的衰老，因此是否刚需是因人而异的，要根据自身实际出发。

第二，不要为那些多余或不需要的功能付费。很多商家善于用各种营销的手段，鼓励人们购买自己本不需要的商品。很多打折的商品看似不贵，购买时就像捡了便宜一般，但你却在不必要的商品上默默付了费。比如，在我买美容仪和按摩凝胶时，原本需要花掉4000多元，这时商家建议我说，只需加1000元，就能以优惠价购买一个美容眼罩。虽然美容眼罩也有一定的美容功效，但我目前并不需要它，虽然只需多付1000元，但我完全没必要为不需要的商品买单。其实，现实生活中有很多人经常为多余的功能付费。比如，花5000多元给不上网的老人买一部内存大、功能过多的手机就是为多余的功能付费，老人如果只用手机接打电话，一部1000元左右的手机就可以满足需求。多花出去的4000多元就是你在为不需要的功能所支付的费用。

第三，根据你对商品的使用时长来决定是购买新品还是二手品，或是租赁。美容仪品种有很多，我最后选择了其中某一款，我主要考虑的是买回来之后能不能坚持使用。这一款美容仪我一周使用5次，但每次仅需要6分钟，还有时间提示，很适合我这种在美容方面又懒又没耐心的人。不仅如此，这种使用频率和时长对我而言就像每天读几页书一样，还能培养我的美容习惯，比一周两次、一次20分钟的美容仪品种更适合我。很多人并不太关注商品的使用时长，经常为使用频率很低的需求下单。其实，如果只是偶尔使用或者阶段性使用，完全可以采用租赁或者购买二手商品的方式满足自己的需求。比如，我家大宝出生时，亲戚把他家宝宝使用过的九成新的婴儿车送给了我，第一次当妈妈的我当时还有点别扭，不过碍于情面还是收下了。后来证明，用二手婴儿车很明智，后来这个婴儿车我又给二宝使用，不仅提高了利用率，还为自己省下了不少钱。类似的还可以是跑步机、阅读器、租车旅游等。

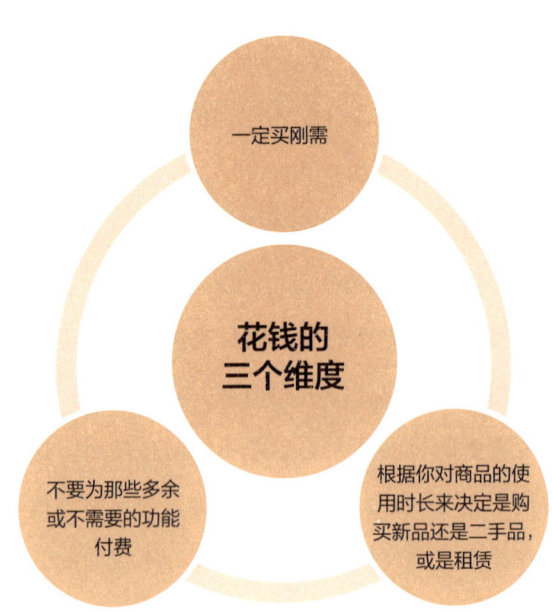

图3-1 花钱的三个维度

很多时候，你需要缩减自己的开支，并想方设法拓宽自己的收入来源。为此，你必须做好以下3件事。

首先，不要为攀比和虚荣心付费。 细细盘点一下，在自己从小到大的消费中，有多少是因为虚荣心和攀比带来的。小时候，我看到邻居家小孩有一双好看的鞋子，就回家缠着妈妈给自己也买双一模一样的；上学后，同班同学的穿着和装备经常是自己买东西的参照；工作后，同事手中有最新款的手机，自己也免不了心心念念。其实，我们很多想要的东西，根本就不是自己真正的需要，只是因为虚荣心和攀比，不想在某些方面被别人比下去，或是想证明自己的消费能力，告诉自己"别人买得起的，自己也可以"。这其实很荒唐，攀比没有上限，虚荣心也欲壑难填，为这两样东西付费，完全是没有意义的。

从心理学上讲，人越是缺什么，就越喜欢炫耀什么。试图通过这种行为，掩饰自己的匮缺。从这个角度讲，我们的攀比和虚荣心恰恰体现了自己某方面的缺失。真正的富人是不需要向他人证明自己有多少财富的，因为事实已经在那里摆着。因此，如果你想成为一个富人，该做的是夯实自己财富积累的能力。也只有如此，自己才能成为一个内心富足、幸福感满满的人。

其次，不要为所谓的"小资生活"付费。 我第一次听说"小资生活"这个词，是在刚入职银行时的一次培训会上，领导说："虽然努力不一定能让你大富大贵，但小资生活还是完全可以达到的。"当时我还不懂什么是小资生活，专门找百度查了一下，找到的答案是"追求内心体验、物质和精神享受的生活"。它虽然需要一定的经济基础做支撑，但与单纯的奢侈浪费绝对是两个概念。很多人显然扭曲了小资生活这个概念，以为佩戴价格不菲的配饰，追求与众不同是小资；以为花钱买各种奇装异服，刷存在感是小资；以为用贵重的电子设备，彰显土豪气质是小资。其实连他们自己也没有察觉到，所有这些花费，都是为自己的内心空虚所付的费用。理由很简单，一个内心丰盈的人，根本不会为物质所累。我的朋友小青，平日里衣着极其朴素，一件羽绒服能穿好几个冬天，很多和她关系不错的女同事经常劝她趁年轻多买点好看的衣服，不要只想着省钱，浪费了大好的青春。但同事们不知道的是，小青非常喜欢健身，为此她支付了很高的费用为自己请了私人健身教练，并保持锻炼好多年从未间断。我举这个例子并不是说穿得漂亮和请私人健身教练孰好孰坏，而是想说，**真正的小资生活，是指那些能够真正活出自我的生活方式，而非金玉其外的故作姿态；是物质享受外壳下的精神追求，而非物质生活的奢华堆砌；是思想和素养的代言，而非财大气粗的炫耀。**

最后，不要花钱买心安。想到却做不到时，人们很容易想到用花钱去弥补自己的不足。例如，自己没时间陪孩子，就买一大堆玩具、零食作为补偿；没时间探望老人，就给他们买很多保健品或很多老人根本用不上的商品，以减少自己对他们的愧疚；总是熬夜、饮食不规律，就给自己买各种护肤品、营养品，试图以此给自己补身体。凡此种种，都是极不明智的行为。也有很多东西并非花钱就能办到。比如，对家人的陪伴并不能通过花钱来解决，花钱也买不来我们的身体健康，等等。所以，你想花钱买心安，根本没有意义，还是把钱用在真正有价值的事情上才是正确的选择。

图3-2总结了缩减开支的方法，可供你参考。

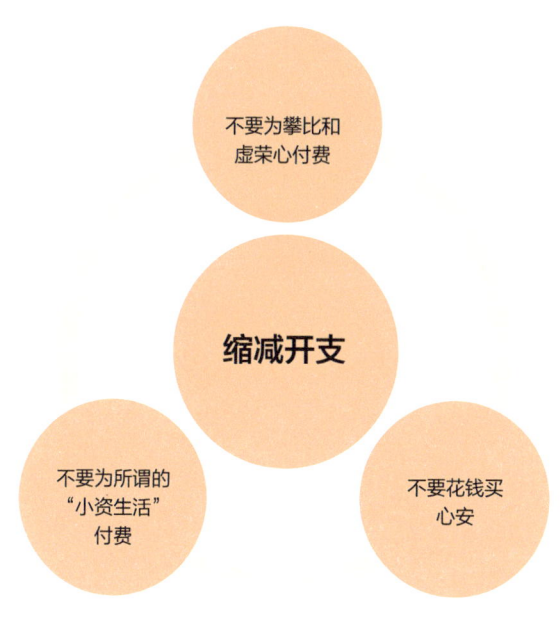

不要为攀比和
虚荣心付费

缩减开支

不要为所谓的
"小资生活"
付费

不要花钱买
心安

图3-2 缩减开支的方法

02 如果你家里也有一个"吞金兽"

有孩子的读者一定深有体会，家庭所有的预算、支出、理财计划，至少有70%是围绕孩子进行的。幼儿园学费、各种兴趣班、休闲娱乐、保险，甚至房产等，如果拉清单，恐怕一张A4纸都列不完。很多家庭都会被高昂的育儿费用吓住，选择不生或者最多生一个。

"生两孩儿？省省吧！"

"三胎？有没有搞错，自己绝不可能！"

其实，排除其他不愿生育的因素，单从经济成本这个角度考虑，育儿的经济压力并没有我们想象的那么大。《民法典》规定："父母对未成年子女负有抚养、教育和保护的义务。"而这个义务尽到孩子18岁就可以了。按照这个政策，父母养育子女只需要做好以下三点：一是父母需要保证孩子18岁之前的衣、食、住、行、用达到同龄人的平均水平；二是能够提供孩子上大学之前的所有教育经费；三是保护孩子的身体健康不受伤害。按照这个标准，生育一个孩子其实对很多家庭而言应该不会有多大的困难。

有些人反对这种观点，认为"如果自己没有能力让孩子生活得比自己更好，就不该让孩子来世上遭罪"。其实这句话里的"更好"和"遭罪"都带有极强的主观色彩，根本没有考虑孩子的想法，没有理性地考虑孩子是否真正需要。比如，在孩子不懂事的时候，穿什么样的衣服，孩子根本不在乎，其实都是根据父母们的想法来购买的。现在请你举一反三，想想其他方面，这样无谓的育儿花销还有多少？那么，针对育儿的理财，怎么做才合理呢？

其实，每个家庭的状况不同，围绕孩子的理财方式也各有不同，如果能准确规划孩子在每个成长阶段所需要的各项支出，并去掉没必要的支出，答案便不言自明。

比如报兴趣班。报不报？报几项？为什么报？建议先把这个搞清楚，否则在这个项目上的花费将是一个无底洞。很多家长怕自己的孩子输在起跑线上，感觉哪个落下都不行，这是错误的。你可以问问自己，学钢琴、小提琴、舞蹈、轮滑……到底想让孩子得到什么？高考加分、审美能力、提升气质？如果你决定报，只报一项行不行？如果不报，结果会怎么样？应该报多个项目均衡发展，还是采取"少而专"，重点发展一个项目更好呢？

再比如买保险。很多保险销售人员鼓吹针对孩子设计的保险产品每月支付的费用低、保额高，晚参保不如早参保划算。很多家长未经考虑，就给孩子买了很多完全没必要的险种。其实，家长们只要花100多元，购买在校学生和学龄前婴幼儿的国家福利型保险就足够了，最多再买一份补充医疗保险。其他针对健康和寿命的保险，对孩子而言并没有多大的价值，完全可以不买。如果还是想买，那么建议你买一份保障期间为15年的教育年金保险，既能抵御通胀，还能在15年到期后，将这笔钱取出来用于孩子上高中、大学所需的费用，这是非常不错的选择。

还有房产。我们现在就为孩子的将来而进行固定资产规划还是太早了，且不说等孩子长大后，他们生活的环境会发生怎样的变化我们完全无法预计，即便到时房产依旧是刚需，孩子自己的奋斗也是不可忽视的因素，我们完全没必要在这方面焦虑。如果你真的为了孩子好，不妨在他的精神成长上下功夫，不断提升孩子的思维创造力，注重培养孩子的生存技能。**只有让孩子在各个方面不断成长，并学会独立、坚强，才是源源不断的财富。**

在孩子的消费问题上，一方面家长要保持理性，另一方面也要针对孩子不失时机地进行财商教育，见图3-3。

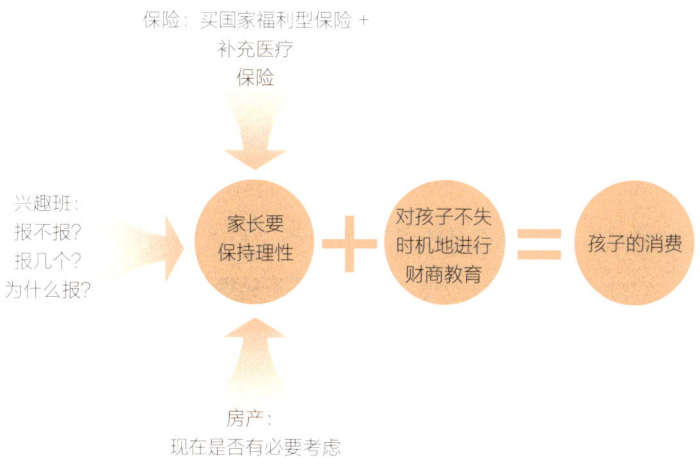

保险：买国家福利型保险 +
补充医疗
保险

兴趣班：
报不报？
报几个？
为什么报？

家长要
保持理性

＋

对孩子不失
时机地进行
财商教育

＝

孩子的消费

房产：
现在是否有必要考虑

图3-3 家长要注意孩子的消费问题

有一次我决定带孩子们去图书馆，在选择交通工具时，我趁机和孩子们好好算了一笔账：如果选择出租车，虽然去图书馆只有两公里路程，往返需要大约花费16元；如果选择自驾，油钱不考虑，停车费每小时4元，3个小时需要12元；如果选择乘坐公交车，3个人往返只需要6元，而且家门口就有公交车站，还是乘坐公交更方便、省心。最后，孩子们一致选择乘坐公交，并很认真地对我说这样最划算。其实，之前我还是习惯自驾，根本没考虑这些细枝末节的成本。

孩子对钱有没有概念，主要取决于父母有没有对孩子进行

第三章 理性花钱

一些财商教育。像培养孩子省钱、算经济账这种意识，家长完全可以在日常生活中教给孩子。很多人的金钱观念，都是在父母的影响下树立的，还有一些家庭非常注重对孩子进行财商教育，从小就培养孩子的理财意识，教育孩子必须掌握赚钱的能力。但也有很多家庭并不注重培养孩子这方面的认知，他们以为，狠抓学习才是最重要的事。**人们在舍本逐末这件事上，创造力非常惊人。**

我认识一位很有钱的老板，他的两个孩子学习成绩非常优异，他在自己的朋友圈里是那种非常少有的既会赚钱、又会教育孩子的典范。有一次有人问他育儿经验，他随便说了一个案例，就让很多人耳目一新。他说他和妻子经常"演戏"给孩子们看，比如每过几个月，他就会让家中的保姆休息一段时间，然后告诉孩子们，家里没钱雇用保姆了，给他们制造经济危机感。他和妻子在那段时间也会多安排一些应酬，声称要加倍努力，给孩子努力挣钱的印象。两个孩子的危机感十足，经常互相敲警钟，鞭策自己努力学习、勤俭节约、合理消费。这个方法本身科不科学先不去评判，单就这对家长的这份用心，就值得很多家长学习。

有正面案例，就有反面教材。早些年煤炭行业红火的时候，朋友的一个亲戚是某煤炭公司的高层领导，工资本身就高，还在私下做一些煤炭生意，日进斗金在他那里完全变成了现实。有一天晚上，他做完一单生意收到了一大笔钱，但因为银行早已下班，他就将一麻袋的百元现金拿回家，他"咚"一声把麻袋扔在地上，毫无顾忌地和妻子讨论起做生意的经过。没想到这一幕被13岁的儿子看见了，从那以后，儿子逐渐不好好学习，开始逃课、打架斗殴，到后来甚至犯罪……真是一麻袋钱毁了一个孩子。

孩子就像一张白纸，可塑性特别强。很多家长只注重教孩子做人的道理，完成家长们没有完成的梦想，却很少有家长去培养孩子健康的金钱观念，或者教授一些错误的观念。比如，有些家长会告诉孩子"金钱无所不能""富人的生活都很优渥""什么好都不如有钱好"……家长不仅应该教会孩子"好钢用在刀刃上，不该花的钱绝不浪费"，也要告诉孩子"挣钱能力最重要，但挣钱的手段并非唯利是图"，还可以告诉他们"没钱的时候，可以用自己的时间、知识等其他拥有的资源去换钱"。

很多家长不明白，孩子对金钱没概念，是因为直接跨越了下面两个需求层次。

美国著名社会心理学家马斯洛把人的需求分为了五个层次，后来扩展为七个层次：分别是生理、安全、归属感与爱、尊重、认知、审美和自我实现，见图3-4。这七个层次从下往上呈金字塔形，最底端的生理需求面积最大。生理需求主要包括食物、水、居住场所、睡眠、性，它是每个人最基础、最重要的需求。比如，当一个人为生活所迫露宿街头时，这个人就不会考虑其他需求，当务之急就是尽快找到容身之所，处于这个层次的人是最有力量、最有潜力的。

但现实的情况是，如今人们的生存条件普遍提高，绝大多数孩子完全不用经历第一层次的历练，生理需求这关家长已经解决了。但我们仔细观察就会发现，很多身体力行、思维创造的活动，恰恰是在满足这一层次需求的过程中产生的。直接越过这一层，相当于放弃了宝贵的成长机会，让一切成果被轻而易举地得到。今后如果没有在追求更高层级需求的过程中得到弥补，就会成为很多问题的根源。最明显的后果就是不爱学习，不愿努力奋斗，对钱没概念，不计后果地胡乱消费。

当孩子长大一点，家长便到了为孩子的安全需求打拼的时候，而家庭条件优渥的孩子又直接跨越了安全需求这个层级。他们不用担心自己的身体安全，不用为安全的生活环境、稳定的工作、老有所养等保障而焦虑。于是再一次错过体验通过自己的奋斗打拼赢得成功的成就感，以及由此带来的自信和勇气。他们虽然身体长大了，但思想依旧是"巨婴"，成长的只是年龄和身体，心理的成长步伐并未跟上。

我的前同事P先生出生在农村，每逢孩子暑假他都坚持让两个孩子去爷爷奶奶家参加劳作，体验生活。他经常说："不见高山，不显平地。没吃过生活之苦的孩子，根本不知道自己拥有的学习环境和物质条件有多可贵，更不懂得珍惜，厌学、乱花钱、享乐主义几乎是必然产物。"反观很多父母，他们广泛分布于马斯洛需求层次论中的各个层级，为了给自己的孩子创造更好的生活条件，忙得不亦乐乎。但很多人的努力完全偏离了正确方向，越努力反而离幸福越远。因为他们的下一代就是在他们这样的努力中，逐渐丧失了同理心和吃苦耐劳的韧性，以及感知幸福的能力。当代的孩子们已经直接站到了第三层以上，追求爱和尊重，渴望友谊和被接纳，希望得到重视与认同，追求自我实现。这些原本没有错，但如果缺乏吃苦教育，就不会懂得当今生活的来之不易，不会明白努力奋斗的意义，追求更为高阶的需求层次就会比较难，甚至求而不得。**明智的父母既会给孩子创造好条件，也不会忘记给他们刻意磨炼的机会。**让孩子在艰苦与富足的对比中领会当今生活的幸福，懂得珍惜父母为自己创造的学习条件，在生活的艰苦磨炼中，激发孩子积极向上和奋力前行的动力。

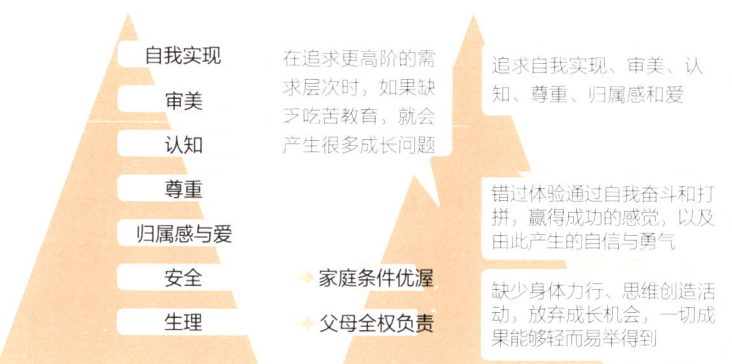

图3-4　马斯洛的需求层次论

03 理性消费的底层逻辑

当你不得不产生一笔消费时，怎么消费才算科学合理？理性消费的底层逻辑是什么？我把我的思考过程（见图3-5）分享如下，供你参考。

第一，明确消费的首要目的是什么。即要满足什么需求？只有需求明确了，才能避免不必要的开销。

拿家庭买车举例。很多人的需求只是代步，而作为代步工具的家庭用车的价位不必太高，30万元以下的汽车就能满足需求。这个大方向定了，再考虑剩下的次级需求：使用成本肯定要考虑，作为代步工具基本每天都会使用，加油或充电的费用也会是笔不小的开销；还要考虑是选五座还是七座的汽车，是选轿车还是选SUV，这些需要应该根据你的家庭人数和路况等因素综合考虑；除了上述因素，你可能还会考虑汽车的外观、内饰设计等因素。

但很多人似乎都忘了自己的首要目的。目的不明确，很可能本想买辆普通家庭用车，但到了真正购买时，却被销售人员各种洗脑，选完品牌选外形，选完外形选智控，选完智控选软配，最后选择了一辆远超自己预算和实际需求的汽车。

第二，列出所有需要考虑的因素，并给它们的优先级排序，然后逐项筛选。

我家旧房子的防盗门质量很一般，心里一直不踏实，一直想换掉。我买安全门的目的只有一个，就是足够安全，其他都不重要。所以，我选了国内某知名品牌的安全门，因为这个品牌的门口碑很好，质量有保证。这样大方向就定了。剩下的就是对价位、外观、手动还是自动以及厚度这些次级需求进行排序和选择。每个家庭的情况不同，需求顺序也会不同。

我的选择顺序是这样的：

首先，因为自己比较健忘，为了防止忘记带钥匙的困扰，我选择了指纹锁，这样就兼顾了安全性和便利性。

其次，因为旧房子的楼层是一楼，进进出出的人比较多，隔音差也不行，因此我在7厘米和9厘米两种安全门中选择了9厘米这个厚度的。

最后，在上面两个条件选好后，商家报了高、中、低三个价位，分别是6880元、4800元和3600元。6800元的安全门和4800元的安全门的主要区别在外观，前者是新款，后者是木头纹理的老款。3600元的安全门与其他价位的安全门相比，锁芯質量不同，3600元的是普通锁芯，和前两个价位的安全门相比是C级和超C级的区别。我果断排除了3600元那款。至于外观，因为是旧房子，不需要考虑外观配套的问题，除非外观真的是我难以接受的颜色和款式，否则根本不会引起我的注意。这样筛选下来，我最后选择了4800元的安全门。

经过这一轮理性选择，在付款那一刻，我觉得物有所值。还是那句话，**要理性地计算，不要感性地算计。**

很多人花钱后，却并没有买到自己真正喜欢的商品，白白浪费钱。原因就在于缺少一套选择标准，这套标准就是在购买商品时应该先考虑什么、后考虑什么的筛选顺序，有了顺序，再一步一步筛选下来，最后买哪个自然便有了答案。没有选择顺序，就会被多种因素困扰，真正应该考虑的因素反而被一些不重要的功能掩盖，用久了才发现不对，但那时木已成舟。特别是买耐用消费品时，一般都是大件，更换的成本相对较高，更需要谨慎选择。

第三，考虑各种因素后，如果还是不能最终做出选择，那就从"功用性"出发。因为"物为人用"，功用性才是最基础、最需要考量的因素。比如，你想买一张床，老公喜欢样式简约的铁艺床，而你喜欢中式风格的实木床，这时该怎么办呢？你可以从功用性的角度来考虑：床的功用性是睡眠。进而思考睡眠时应该考虑哪些因素？是睡得健康、舒适。再思考哪种床能为我们提供健康、舒适的睡眠？如果这样下来，你还不能做出选择，那么你就需要重新审视你列出因素的优先级，是否在排列时并没有真实反映自己的内心所想。

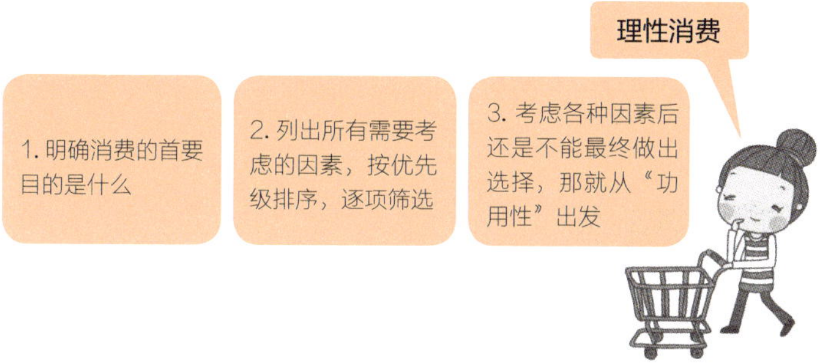

图3-5　理性消费的底层逻辑

04 这个坏习惯一定要改

某天我收到一条短信：尊敬的尾号××××机主，您已累计的183900积分将于××月××日失效。请尽快点击×××链接兑换商品。按照一贯做法，这类短信我都会忽略不看。但那次我却突然来了好奇心，决定一探究竟。链接点开后是各类商品信息，每款商品标价处都写着需要兑换的积分数量和实际需要支付的金额。乍一看似乎积分可以抵扣很多钱，但仔细对比后会发现，实际需要支付的金额比正常购买便宜不了多少，甚至部分商品在其他平台上购买会更便宜，所谓积分兑换不过是商家的营销噱头而已。

其实，生活中类似的例子不胜枚举。商品打折时，很多人会争相购买，以为价格真的实惠；以为多花几元钱加购的商品真的是最划算的；买够一定金额可以兑换的赠品真的是商家白送的；等等。但你要知道，没有卖亏的，只有买亏的。

爱占小便宜而吃大亏，是很多人消费时都爱犯的错，这一点必须改掉。

人们在消费时，注意力很容易被商家的诱导性话术吸引，很快就忘记了自己的真正需求，转而盯上很多自己根本不需要但看似很划算的商品。比如，你原本只想买桶花生油，却鬼使神差地又买了几桶洁厕灵；原本只想买个护手霜，结果却买了一整套洗护套装；原本只想买瓶止咳糖浆，结果连治脚气的药都一并买了回来。先不论那些额外的商品是否真的划算，即便很划算，自己真的有必要把它们买回家吗？

很多人即使被商家套路了也心甘情愿，他们一般是这样想的："反正也不贵，万一以后能用到呢""反正多花了几元钱而已，即使不用也可以送人""反正这东西常用，价格这么合适，不拿白不拿，白拿谁不拿"。其实，商家恨不得把整个商店的商品都卖给你。

如果站在理财角度，思路就会大不一样：自己每多花1元钱，投资时就少了1元的本金，收益也会相应地减少。而且，同样的钱花在这个地方，就不能花在另外一个地方，如果自己有了其他需求，还需再花掉一笔钱购买。**购物是为了换取生活必需的物资，而不是为了代替商家囤货。**

俗话说"买的不如卖的精"。倘若消费者真能从商家那里占到便宜，恐怕很多商店早就倒闭了。这是多么显而易见的逻辑，但很多人看不透也不愿意看透，其原因在于自己对物品的占有欲太强，反而忘记了金钱的价值，而后者恰恰才是更重要的。

购物也能让人失去理性。 我曾目睹一个朋友为了买到更低折扣的鞋，一口气买了5双，因为商场促销规则是"买2双9折、买3双8折，以此类推"。一旦养成贪图小便宜的消费习惯，你就会为了追求所谓的实惠不停地买买买，这才是最要命的。久而久之，家里的物品就会堆积如山，你不仅浪费了很多钱，还会占用家里的大量空间。而且一个人的时间有限，为了贪图便宜或实惠而在购物上花费大量精力，你就不能用来做其他更有价值的事，这样一来，你浪费的不仅是金钱，还有比金钱更宝贵的时间。

05 怎样提防消费水平水涨船高

很多人有个错误的想法，以为自己有了高收入，就会变富，这看似正确，其实存在逻辑上的漏洞。即使你的收入很高，但是不懂得理性规划，挣多少就花多少，那么你永远不可能富有，甚至还有可能会欠债。**当收入增加，欲望也会增加，挣得越多，花钱的地方也会增多。**

有个概念叫作"净收入的储蓄百分比"，是指在人们收入中用于储蓄的比例。在相同比例的情况下，净收入越低，储蓄金额越小；相反，净收入越高，储蓄金额也越大。从心理学上讲，人们在收入低的时候反而更容易把钱存下来。就拿10%的储蓄百分比来说，如果一个人每月收入是1000元，他拿出100元用于储蓄，就比那些每月收入10000元，从中拿出1000元用于储蓄的人更容易一些。如果仔细观察就会发现，其实把所有收入都拿出来花掉和花掉90%，给人的体验并没有多大差别。所

第三章　理性花钱

以，储蓄这件事越早开始越好。

如果你一直没有储蓄，那就从现在开始，每笔收入一到手，立即按照自己既定的储蓄比例把钱存起来，剩下的部分再去消费，而不是相反。如果先消费后储蓄，最后你会发现，钱根本剩余不了多少，有太多商品吸引你消费。

财富积累的过程就是这样，充满了与自己欲望的对抗。有些人认为将自己10%的净收入用于储蓄很难做到，而有些人却可以实现更大比例，达到20%、30%，甚至更多。不仅如此，当收入增加时，有的人会将增加的部分再拿出50%进行储蓄。比如，你本来每月有10000元的收入，你会留存10%，将1000元用于储蓄。现在你每月的收入增加到了11000元，你会把增加的1000元拿出500元用于储蓄，这样一来，你每月收入的实际留存额是1500元，净收入的储蓄百分比就提高到了1500/11000=13.6%。从心理学的角度分析，刚加薪时，人们新的消费习惯还没有形成，这时提高自己净收入的储蓄百分比并不是难事。

然而理论和实践常常是脱节的。现实中有太多诱惑能掏空你的钱包。因此，在财富积累的实践过程中一定要让自己学会抵御各种诱惑，守好自己的钱包。为此，我推荐大家一个很实用的方法。

给出方法之前，我们先看一个在很多人身上都会发生的案例。有位学员很喜欢囤东西，就怕后期涨价。我曾查阅过她之前几个月的所有支出，发现她的绝大部分支出都用于购买便宜但根本用不到的商品。她说，买东西的过程让她充分享受到自由支配金钱的快乐，但买了之后搁置一段时间就会扔掉，又心疼又后悔。

她使用了"自由支配"这个词，但她支配的对象显然指的仅仅是消费，其实支配还意味着积累、投资等内容，意味着"想让钱去哪里就去哪里"的自由，绝非仅仅指消费。所以这位学员喜欢的其实是消费带来的快感，消费的过程让她觉得自己就像一个富人，但她喜欢的是自由消费，而非自由支配。==即便是真正的自由消费，也不是你想买什么就买什么，而是对自由有正确的认知，是自我意识的掌控，是正确处理好物质和精神的关系，以及意识和行为的自我控制，并非仅仅与金钱有关。== 因为当你越贫穷，越想通过消费来掩饰，这时我们需要战胜的是自己内心的欲望和执念。

> 从广义上来讲，所有对金钱没有正确支配意识的人，本质上都是穷人：要么物质穷，要么思维穷。

那么，究竟怎样做才不会让自己陷入贫穷的陷阱呢？其实就4个字：威、逼、利、诱（见图3-6），下面展开具体论述。

（1）"威"是威胁，即你要明白有哪些事情会威胁到你的正常生活。其实，人活在世上最大的悲哀是"人活着，钱没了"。所以，生病与贫穷才是我们最大的威胁，一定要谨记这一点。

（2）"逼"是逼迫，即一定要逼迫自己养成储蓄的习惯。比如，当有资金入账时，你应该先储蓄后消费，千万不要先消费后储蓄，一定要逼迫自己减少消费、定期储蓄。储蓄的方式有很多，最省时、省力、省心的方法就是基金定投，后面有专门介绍基金定投的内容。你只需设置好定投金额和时间，其他都不用管，这种方式可以逼迫自己养成储蓄的习惯。

（3）"利"指利益，即自己在购物时一定要理性消费。自己不需要的商品坚决不要购买，购买需要的商品时也要考虑性价比，让自己的每一笔花费都实现利益最大化。

（4）"诱"是诱惑，即一定要有抵御商品诱惑的能力。当你抵挡不住琳琅满目的商品诱惑，想放纵自己肆意购物时，不妨想想你要买的商品对你时间和空间上的占用是否值得。每个人的时间和空间都是有限的，而且选择在购物上花费大量时间和精力，你就不能做其他更有价值的事，这是非常愚蠢的。我们应该正确对待自己的物质需求，不要让其成为自己的负担。

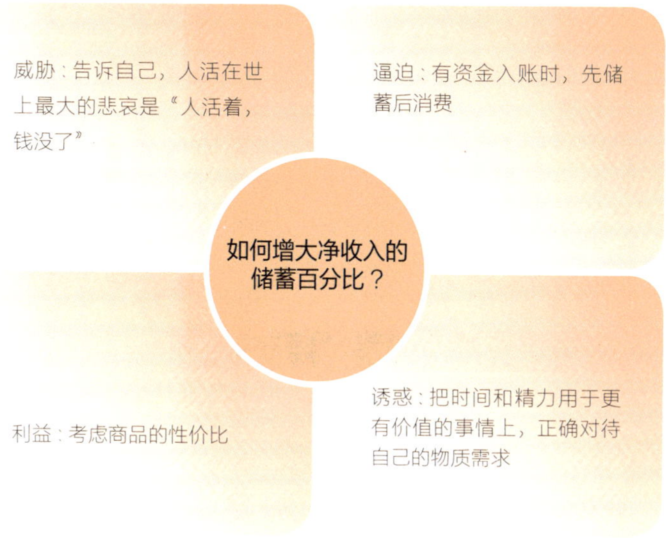

威胁：告诉自己，人活在世
上最大的悲哀是"人活着，
钱没了"

逼迫：有资金入账时，先储
蓄后消费

如何增大净收入的
储蓄百分比？

利益：考虑商品的性价比

诱惑：把时间和精力用于更
有价值的事情上，正确对待
自己的物质需求

图3-6　对金钱要有正确支配意识

06 谨防知识付费的杀"钱"诛心

我从2016年开始接触知识付费，遇到过不少好老师，也学过不少好的课程，确实提升了自己的认知，这几年我能很清晰地感觉到自己的成长和改变。这真的很好！我常常发自肺腑地感谢我们生活的时代，它给予每个个体如此便利、友好的学习环境。可是这几年，我也听过一些性价比不高的课，遇到过专业能力比较差的"老师"，从他们那里我并没有学到多少有用的知识，反而浪费了自己不少时间、精力和金钱。为此，我仔细分析了他们经常采用的营销套路，防止今后再次踩坑。

这种套路一般是这样的：

第一步，使劲打击你，让你觉得自己做得很差。他们会说"你那套方法根本不行，太差了！""你现在做的这些事就是一团乱麻，毫无头绪""你这样做有很多问题，你知道吗"等等。总之就是想告诉你一句话——你不行！从小到大，其实，有很多人就毁在"你不行"这3个字上，这3个字给你的打击相当于把你精神世界中的"钙质"直接吸走，只剩下一个软趴趴的躯壳，和一颗同样软弱的内心。

从此，被宰的基调就这样定下。这一招其实非常狠毒，不仅能收割你的钱，还能摧毁你的精神，从此你头上时刻笼罩着一团阴云，之后每次遇到不如意，就会想起这句"符咒"。

第二步，进一步恐吓，告诉你如果继续使用自己的方法会造成严重后果。他们会说"这样下去，你将错过最后一波赚钱机会""这样做纯属浪费时间，还得不偿失""到后来你会越做越差，慢慢自己就放弃了"等等。如果上面那招还没有击穿你的心理防线，这一招就相当于给你又补了一刀，让你焦虑得更彻底。一般这招用完之后，大部分人都会陷入焦虑，思考究竟该怎么办。

第三步，对你说："我这里有一套好方法。"然后对方会大肆鼓吹自己的方法有多厉害，甚至会拿出一套看似体系非常成熟的方法论，反正你也无法验证它的效果，基本只能由着对方在那里夸夸其谈。而你此刻也在思考这套方法是否适合自己，自己运用了这套方法是否就可以解决问题。于是，你便被对方顺利地带到了下一步。

第四步，对你建议说："跟我学，用了就会成功。"此时对方会向你列出自己的成功案例，努力让你信服，就是想让你迫不及待地付钱买他们的课程。但走到这一步，你大概率会购买他们的课程。但你学习完他们介绍给你的方法后，你会发现有些事如果按照对方的方法自己根本做不到，自然无法实现自己的预定目标。这时他们会将责任推卸给你，否认自己的方法有问题，而是说你没有执行到位。但到了那个阶段已经不重要了，因为对方已经赚到了你的钱，而你却一无所获。

现在，我依旧能遇到这样卖课的"老师"，不同的是，我不再是"人为刀俎我为鱼肉"，我已经有了一套自己的应对方法（见图3-7），具体如下：

（1）只要谈到钱，必谨慎为之。这是我的原则，任凭对方如何用话术洗脑，只要谈到付费，就要慎之又慎，一定要根据自身的需求出发，把主动权牢牢把握在自己的手中。

（2）多方求证，对比后再做决定。如果确实有需求，也不要急着付费给对方，尽量找一些之前付费学习过的学员询问具体学习情况，或者通过对方的朋友圈、公众号、微博等社交媒体认真研判，看看对方是不是自己想要找的老师。

（3）敢于行使"掀翻桌子"的权利。很多人因为不好意思拒绝对方的热情推销而最终付费给对方，结果吃了很多亏。其实大可不必，你只是对方众多目标客户之一，只要你认为对方的产品不适合自己，就应该果断拒绝。**不要怕掀翻桌子伤了和气，彼时你们只是商业关系，无须用和气主动绑架自己。**

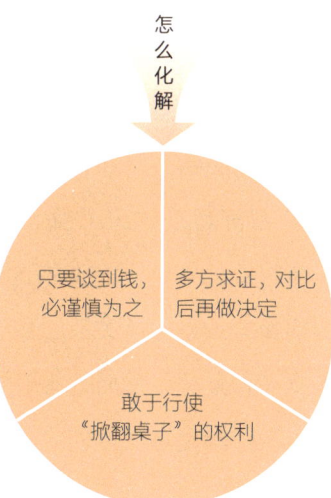

第一步，使劲打击你，让你觉得自己做得很差

第二步，进一步恐吓，告诉你如果继续使用自己的方法会造成严重后果

第三步，对你说："我这里有一套好方法。"

第四步，对你建议说："跟我学，用了就会成功。"

怎么化解

只要谈到钱，必谨慎为之

多方求证，对比后再做决定

敢于行使"掀翻桌子"的权利

图3-7　一些知识付费课程经常采用的营销套路及应对方法

07 几种花钱方式，总有一款适合你

一、精打细算背后的思考

上学时，一位舍友的穿搭理论一直让我印象深刻。她说："裤子并不是人们特别注意的地方，真没必要总换，只要多买几件上衣就行了，那样就会给人常穿常新的感觉；鞋子只要颜色不买太扎眼的、穿着舒适，款式无须太计较，有几双足够了；贴身内衣决不能将就，质量一定放在首位，数量只要够换就行；其余的衣服质量差一点也没关系，并不会影响自己的身心健康。"舍友其实特别爱美，然而在有限的条件下，她凭借自己的穿搭理论，大学四年里在同学们的眼中始终保持着"美装达人"的称号。

暂不论舍友的穿搭理论可不可取，重点在于它体现了"最小必要性原则"和"成本控制下效益最大化"的智慧，这两点特别值得我们学习。很多女生用于买衣服的支出，能够占到消

费支出的一半以上。怎样才能既买到漂亮的衣服，又能将支出控制在适度的范围内，这是很多女生在面对自己的衣柜时，需要深刻思考的问题。

> 当原始积累并不丰盈时，精打细算在所难免。即使当下很拮据，我们也要学习富人思维。富人会将消费的主动权把控在自己手上。

你可以这样想：

（1）你有长期而又远大的目标，你的精神世界非常富有，无须通过消费来包装和证明自己。事实上，并没有几个人真正在乎你的消费水平，一切不过是自己的幻觉。

（2）你花掉的每一笔钱都可以在自己的打理下不断增值。因此，你在消费时除了要考虑商品的性价比，也要考虑因没有用于投资而损失的投资价值。

（3）让自己尽量减少物质消费，不要被物质所累，不断丰富自己的精神世界，努力学习理财知识，不断提升自己的财商。

二、花钱买体验更划算

入冬后，内蒙古的天气一天比一天冷，我打开衣柜想找件更厚实的棉衣穿，目光却落在那件孤零零的貂皮外套上。那件黑色的貂皮外套精致优雅，是2018年买的，价格不菲，但入手后自己却没穿几回，大多数时间都在衣柜里挂着。就像每次孩子吵闹着要买某个玩具，购买时欣喜万分，但没过几天就不稀罕了。还不如带孩子去旅行，旅行带来的体验就大不一样，即使好几个月过去了，回忆起来也依旧记忆犹新。

同样是消费，购买体验远比购买物质更能给人带来持久的满足。物质终究是身外之物，而体验却能真正滋养我们的内心。体验过后，我们的感受可以转化为自身不可分割的一部分，轻易不会忘却，非常受用。很多人爱旅游、健身、看演唱会、听课，本质上都是体验型消费，能提升我们的精神素养。近几年，我90%的花销都用在了购买各种体验上，不但开阔了自己的视野，还提高了自己的认知。我付费向厉害的人学习知识，加入高端社群，结识良师益友，现在回想起来，正是这几年的经历让我越来越接近本心，越来越懂得"从心而活"的可贵，这是无论买多少好看衣服和名牌包都带不来的。

如果你有闲钱，建议你还是多用在体验上。生命在于做了什么，而不是占有了什么。只有前者才能真正内化为己有。

三、花钱买时间是最高级的消费形态

物以稀为贵，对自己而言，什么东西最贵呢？答案一定是时间。人生短短几个秋，过完了永不再来，时间是不可再生资

源。如果能花钱买时间，性价比是极高的。

装修房子时，我把能解放双手的洗碗机、扫地机、内衣洗衣机等电器一并都买了，有亲朋不理解，认为洗几个碗、几件衣服、扫扫地，不过十几分钟的事，就当锻炼身体了，为这个花钱真的没必要。可我想说，把这些家用电器买回家，相当于天天请家政替自己干活。而请家政是通过花钱买别人时间来节省自己的时间，买电器也一样，而且它们能用很久，24小时随叫随到，还不闹脾气，更省心省力。适当的家务是锻炼，但天天做家务一定是拖累，只会耗费自己大量的时间。

这还是其次，更主要的是，如果要给生存、时间、金钱这三者排序，顺序一定是这样的：生存>时间>金钱。当一个人面临生存问题时，花费时间谋生存是对的。一旦生存不是问题，就要有花钱买时间的思维，不但要花钱买机器的时间，更要花钱买别人的时间。你一旦有了这个思维，便不会再为了几元钱的便宜，花时间抢商家的所谓优惠券、购物券。你会明白：抢券的时间不如用来学习以提升自己；你不再为了省十几元的打车钱而自己开车去较远的地方。你彻底想通了，与其自己把全部精力用在驾驶上，还不如安安心心地坐在副驾上听本书，以喂养大脑；你不再抗拒看书学习，你终于发现，别人花好几个月甚至几年总结的思维精华，你只需花几十元、用几小时就能学到，真的赚大了。

当你想明白这个道理，自己甚至连择业都有了标准，那些整天把自己绑在工位上，即使挣到钱也没时间去消费的工作绝不是首选，除非为了生存的迫切需求。但只要生存警报解除，就该往有钱、有闲的目标上下功夫。因为有钱是一方面，能同时做到有闲的人才是真正的富人。

很多开公司、办企业成功的人，之所以能更快速地积累财富，原因就在于他们花钱购买了很多人的时间，这些人变成了他们的很多双手、很多个大脑、很多个工具。虽然并不是所有人创办公司都能成功，所有人都该开公司、办企业，但这种花钱买他人时间的思维值得每个人拥有。花钱买时间，不是有钱没处花的浪费，也不是懒惰的借口，它有可能为你换来更大的价值，让你的时间更值钱，让花出去的钱为自己带来更大的收益。

父母那一辈人花钱讲究货比三家，因为他们生存在物质并不丰盛的年代，提倡节俭的消费观。而我们生活的时代显然不同，物质也相对富余，如果为了琳琅满目的商品，花费大量时间去货比三家，是极不划算的。我们需要的消费行为，是需求明确之后的直奔目标。花钱也会浪费时间，而选择花钱省时间才是最高级的消费形态。

本小节介绍的3种花钱方式可见图3-8。本章最后，请你回想一下自己最荒唐的一次花钱经历是什么？

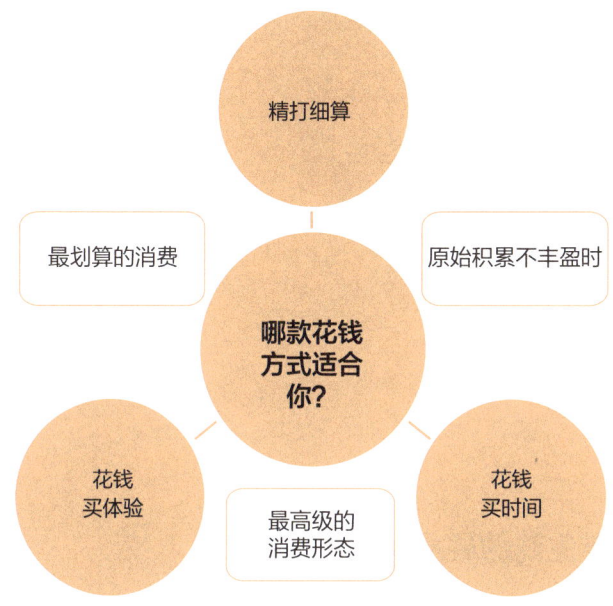

图3-8 不同的花钱方式

第四章
学会钱生钱

01 钱生钱的底层逻辑

一、你知道钱生钱的"道"和"术"吗

钱生钱离不开两个方面：投资和理财。

我们对某个人的评价经常是："那个人可真厉害，名下资产特别多！"可如果反过来说："那个人名下资产特别多，他可真厉害！"当因果互换，那财富就仿佛是通过不正当渠道获得的。由此可见：

> 人是因能力过硬而富有，不是因富有而能力过硬。

人人做梦都想变成富人，但很少有人明白，阻碍自己赚钱的深层原因往往不是赚钱方式不对，而是自己的能力太差。有位教写作的老师曾说："要想写好故事，自己首先得活成有故事的人。"这句话放在投资理财领域同样适用：**要想赚更多的钱，自己首先得活成有能力赚钱的人。**也就是说，解决问题的关键是能力。每个想赚钱的人，必须首先考虑自己的能力发展——今天有没有比昨天更进步一点？有没有改正一些不利于赚钱的坏习惯？当一个人的能力变强了，赚钱对他来说自然会变得容易。

很多人特别反感这种说法，反驳说："成王败寇，富人说什么都是对的，穷人怎么做都是错的。"他们认为"只要某人有钱，他说的话、做的事便会得到认可。所以等自己赚够了钱，也能得到认可"。但他们很少审视自己的问题，面对知识总是故步自封、自以为是，以至于完全没搞清楚逻辑——**富有是个人成长和发展的"果"，而不是"因"。**富人和穷人最大的差别，其实是学习能力的强弱。学习是让人进步的唯一途径，如果不懂得学习和反思，所有吃过的苦都没有了意义。很多人抱怨"读了很多书，也过不好这一生"。那是因为他们还没读这本书，只有学习投资理财，才能真正让人生变好。

投资理财也是一门技艺，非学无以精通。在学习的过程中，我们炒股被割的钱、买基金亏掉的钱，都可以看作学费，而这些碰壁的经历会让我们明白，在理财中有以下三忌，避免这些做法才能减少亏损。

理财一忌：该懒的时候勤快，该勤快的时候犯懒。

你选择不同的理财方式，就要依据不同的原则来操作。有的产品一旦选择，就不需要频繁操作。比如基金定投，选好标的后，至少要坚持投几个月，如果总是清仓、建仓、换仓，不仅赚不到钱，还会产生很多手续费。但这套打法用在短线炒股上就行不通。这种炒股方式之所以叫"短线"，就是要快进快出，盈利要及时落袋为安，亏损要立即止损。如果你盈利不止盈、想赚取更多，亏损不止损、觉得一定还会涨回去而不及时抛售，最终结果可想而知。

理财二忌：现金断流，只盯存量。

现金流好比人活着的那口气，气断则人亡，现金流一断，盈利也会中止，对理财十分不利。现在绝大部分理财标的都不保本，我们只有保证现金流不断，才能在亏损时及时补仓，从而拉低成本。即使不补仓，有现金流时，我们面对亏损时才不会慌张，而是有勇气等待价格上涨。所以，当你全副武装、摩拳擦掌准备好好理财时，请别忘了把理财的重点放在获得源源不断的现金流上。这是好心态之本，也是理财之本。输了心态，理财必败。

理财三忌：在无常中追求永恒。

投资理财中面对风险是常态，我们唯一的办法是时刻做好应对风险的准备。无论盈亏，我们都要冷静分析具体情况、采取应对措施。很多人总想一劳永逸、找到一条永恒规律，用以应对金融市场的万千变化，就像查理·芒格所说："拿着锤子的人，看啥都像钉子。"这样一来，亏损就是必然的。

有些亏损宜早不宜迟。正如前文提到的，这些亏损就好比你在学习投资理财过程中所交的学费，肯定是越早交越好、成本越小越好。如果你20多岁时创业失败，还有大把的机会翻盘；如果你30多岁创业失败，就会大大拖慢后期发展的进程；如果你40多岁创业失败，甚至会牵连整个家庭；如果你50多岁创业失败，今后将很难东山再起……当然，个体的成功案例在这个时代也有很多，无论在任何时候失败了，只要能重新站起来，总归是好事。

> 关于钱生钱的底层逻辑，还有一点至关重要：摆脱金钱文化中的弱势羞耻，既要关注给予，又不能羞于接受。

关于弱势羞耻，具体的例子有很多，比如因为觉得抢红包不体面，所以你即便经常发红包，却从来不抢；再比如，一群人一起出去吃饭，你总是抢着买单，甚至把别人掏出来的钱都塞回去。这些做法让你总能在金钱的流动中处于强势的一方，然而坚持单方面的付出就是拒绝能量的表现。我们面对给予，常常不好意思接受。曾经有一次别人在咨询后付费时，我因为觉得自己并没有帮他太多，受之有愧，就选择了拒收。实际上，付费的人觉得自己收获了价值，应该付出金钱，那么提供咨询的人就应接受这份能量的回报，不必羞于接受。

金钱是有灵性的水，如果它每次遇到你都被拒绝，慢慢地它就只会流入接受它的低洼地，而你这里将变成贫瘠的沙梁，越来越留不住金钱。**对于金钱，强取豪夺不对，但不接受它自然而然的流动，就更不对。**当金钱合理合法地来到你这里，说明这钱是你应该得到的，应该欣然接受，不要觉得不好意思。从今天开始，请欣然点开那些别人感谢你的红包吧。

其实这种金钱文化中的弱势羞耻观，部分源于我们传统的教育。从小父母总用与金钱有关的反面案例告诫我们，千万不能做不道德的事，不能为了金钱丧失人格和原则，这让我们对接受金钱有很强的羞耻心理。就像一个人如果从小总是被教育太早谈情说爱是不务正业，他即便在成年后见到对自己表达爱慕的异性，大概率也会拒绝或者逃避。这不是因为教育的案例选错了，而是反面案例被过度强调了，如果我们也能接受正面案例的教育，结果一定大不相同。

很多人扭曲了"付出才有回报"这句话的意思，他们对付出的理解，从程度和方式上都不全面，这也会对赚钱产生负面影响。比如有的人上班很清闲，只拿底薪也心安理得，因为他觉得自己没有付出太多脑力和体力。可事实上，这个人付出了自己最宝贵的时间，他在这种清闲里虚度，其实也是浪费了自己的生命。如果能想到这一层，他的选择也许截然不同，或许他会积极做事，把浪费的时间补回来，让自己的时间更值钱。

这才是对付出的正确理解，才能提升自己的价值。

金钱是能量，不能只有给予者，没有接受者。 你必须同时扮演好这两个角色，才能让金钱能量在你身边畅通地流动起来。

二、钱生钱中对"术"的运用

投资理财最重要的是用球场思维搭建一个稳健的理财体系。足球场中主要有三类角色：前锋、中场、守门员。

前锋的核心目标就是进球。对应到理财体系当中，就是要配置类似于前锋的投资品类，专注于高盈利。虽然风险也比较高，但如果我们愿意舍弃一部分安全感，合理配置这类产品，如股票类资产、大宗商品等，一旦它有机会获得爆发式的收益，对于财富积累的贡献就是巨大的。这种高盈利的投资体现了"二八定律"，即20%的投资品种贡献了总收益的80%。不过，对于家庭而言，这类产品的投资最好不要超过现金总资产的20%，如果投入过多，很容易影响投资心态。

中场在足球场上处于阵型的中心位置，目标是带球突围的同时牵制对方的注意力，为身前的队友创造进攻机会，发挥中流砥柱的作用。在理财体系中，同样需要这样一个中坚力量，进可攻退可守，既能保证投资收益高于通货膨胀率，风险又不至于太高。一般情况下，收益也不会太差。如遇良机，还会给财富带来较大增长。中场类型的投资品类可以是宽基指数类基金、股票类基金等，可分配较大比例的资金。

守门员是球场的底线，也是你理财体系中的兜底资产。就像球队不能没有守门员，你无论如何要留有一部分资金保底，比如国债、银行大额存单、理财型保险。国债的蚀本风险几乎为零；而银行大额存单的利息都是按约定给付，即便银行破产清算，也会按存款保险制度规定，50万元以内的本息都在保障支付之内；理财型保险的利率都明确写在合同里，即使保险公司倒闭了，保单也会转手至其他公司，或者国家指定的实力雄厚的保险公司，风险也很小。但不能苛责这类产品的流动性，投资期限短则一个月，长则三五年。这部分资金在理财体系中的作用，就是让自己始终拥有安全感。

有了球场思维，家庭理财体系的搭建便趋于稳健，你既不会过于激进，一味追求高收益产品，也不会太过保守，白白浪费用钱生钱的机会。

钱生钱的"道"与"术"可见图4-1的总结。

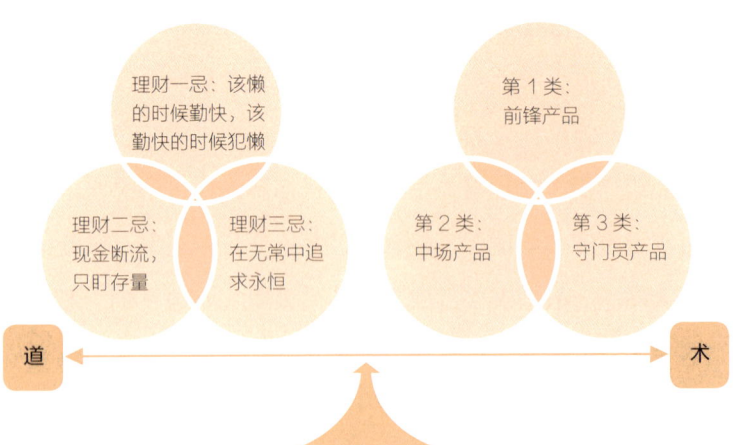

图4-1　钱生钱中的"道"与"术"

当你的理财体系框架搭建好之后，就可以根据自身情况，按照收益和风险类型的不同，在具体配置时进行不同程度的细化。

以中场产品为例，其细化过程就好比开车，先挂一挡，再挂二挡、三挡。一挡产品，利率不会太高、涨幅也不会随市场行情波动过大，如债券基金、同业存单指数基金。债券基金，就是把投资者的资金集合起来，对债券进行组合投资，寻求较为稳定收益的基金，这些钱主要用于购买国债、金融债和企业债，收益稳定、风险较低。同业存单通俗一点讲就是当银行、保险公司、基金管理公司等金融机构遇到资金周转困难时，会主动发行一些为期几个月的债券，以向其他金融机构融资，所使用的到期还本付息的凭证。同业存单指数基金，就是指投资这些同业存单的基金，这类资产不仅流动性较好，安全性也较高。

二挡产品，可选择涨多跌少的宽基指数基金，如沪深300、上证50、纳斯达克100等。这类基金跟踪的或是整个大盘指数，或是大盘中最有代表性的几十只股票的指数，所以本身就具有分散风险的性质。市场不景气时，这类基金不会下跌太多；行情好的时候，其涨幅却十分可观。

三挡产品，可选择股票型基金、混合型基金和行业指数基金。这些基金主要用于投资一部分股票，其涨跌直接受持仓股票涨跌的影响，风险较高。以行业指数基金为例，如果所投资的整个行业板块不景气，基金收益率也一定不高；反之同理，如果持仓股大涨，基金的收益率也会很不错。

如果上面所使用的行业术语让你感到枯燥，请用心体会下面的案例。这是我为一位学员量身打造的赚钱体系，按资金可使用的期限长短大体分为四部分，供你参考。

第一部分是短期资金，用于应付日常生活开销。这部分钱主要考虑流动性，因此牺牲了收益率，一般放在两个地方：银行货币型理财产品、微信零钱通。这部分钱可随用随取，但年化收益率不到3%。

第二部分是中期资金，比如孩子的学费、兴趣班报名费、家庭成员的保费。这部分钱的投资应该把风险尽可能降到最低，可以购买一些6个月左右的银行理财产品。虽然银行理财产品并不保本，但只要认真筛选，蚀本的风险还是很小的。

第三部分是中长期资金，比如家庭换车、换房等计划所需资金。考虑到投资期限较长，如果只求安稳、完全不顾忌收益，因为受通胀影响会很不划算，综合考虑可以投资一些债券基金。比如纯债基金（即投资者的钱只用来买债券，不买股票）和一级债券基金（一般指股票类资产占资产净值的比例<10%的混合类债券基金），年化收益一般在5%左右。

第四部分是长期资金，这部分钱可以进行多元化投资，可利用时间效应进行复利增值。这部分资金可用于配置整体风险等级超过前三部分的产品，如实业和贸易投资、股票和基金投资，以及极少部分的其他投资，如购买黄金等。

长期资金的配置方式可谓千人千面，你可以根据自己的风险承受能力调整自己的风险投资比例。如果你是风险偏好型，就可多配置一些股票、股票型基金、混合型基金，或者做个小的天使投资人；如果你是风险厌恶型，可以用二级债券基金（即股票类资产占资产净值的比例≥10%，且纯股票投资占资产净值的比例≤20%的债券基金）铺底，再配置一些宽基指数基金。这部分资金一般由过往积蓄的存量资金和每个月的新增资金组成。对于存量资金，可以选择一次性投资价格波动较小的债券类资产，也可以选择周期比较长的定投，如按季定投。对于新增资金，最好选择周期比较短的定投，既可以按周定投，也可以按月定投。对于月薪5000元左右的理财小白，这样的短期定投也是十分适合的。

看完这节，相信你早已跃跃欲试，那就赶快动手为自己搭建一个稳健的理财体系吧！

第四章　学会钱生钱

02 除了定投，你还需要知道的基金知识

在我写作时，龙哥问了我一个问题：哪一种投资方法是屡试不爽的？

我一直认为，普通人要想有钱有闲，只有一个办法：基金定投。如果你符合以下几个特点，基金定投便是你最不应该舍弃的理财工具。

钱不多，但很想认认真真赚钱；

人很懒，最好一年都不用关注；

不太懂，想理财但不知怎样做；

不怕等，只要最后能赚钱就行。

做基金定投本身并不难，设置好定期投资的金额和投资频率，剩下的交给时间就可以，真正难的是等待。特别是面对亏损的时候，很多人会动摇继续定投的信心。在这个方面，我收到最多的提问就是：基金亏本了要不要赎回？我从不劝谁赎回

或继续持有，因为当他提出这个问题时，便已经输在了起跑线上。也就是说，在基金建仓时，他就没有做好前期考察，也没能选择合适的时机。

> 只有投之前眼明心亮，投之后才能专注情长。

很多人决定建仓基金时，对上面两个关键问题缺少严肃、细致的思考，要么听了某位基金经理的推荐，要么自己凭感觉选择。总之，如果前期的准备没做好，后期的麻烦就会像一茬茬青草一样不断长出来。其实，只要把握住以下几点，定投就可以既省心、又赚钱。

第一，一定要有宽基指数基金铺底。比如投资沪深300、中证500、上证50等宽基指数基金，还要保证较大的定投比例。宽基指数基金相当于基金投资这辆车的底盘，它能够反映整个A股市场最具代表性的一揽子股票的市场表现，本身具有分摊风险的作用，相比于行业指数基金、混合型基金、股票基金等，其风险较小。有了这类基金打底，市场再动荡，你的安全感也不会消失。因为这样做相当于投资整个国内市场，伴随着国运上升，你可以充分获得经济增长的红利。只要坚信这一点，一时的下跌就不会影响你的投资心态。

第二，选基金时慎重选择持仓股票。买基金的实质是买股票的集合，所以要坚持"长短结合"的原则，慎重选择持仓股票。"长"是指配置几支经常用于价值投资的行业龙头股集合的基金作为长期资产；"短"是指短期定投行业基金（即窄基指数基金），这类基金的持仓股票大多集中在某个行业板块，行情会随着政策出台、人们对概念趋势的追逐而涨跌，适合定投几个月，见好就收。

第三，不能忽视对基金经理的挑选。作为帮助我们操持基金的具体实施人，基金经理的能力和人品都要过关才行。在能力方面，我们除了要看过往业绩，还要看他的工作年限。从业越久的基金经理经验越丰富，尤其在经历过一轮牛熊周期后，他的心态会更稳，所以尽量选择从业时间5年以上、最好达到8年的基金经理。

在人品方面，我们应该选择看重投资者资金安全的基金经理。由于基金经理不对盈亏负责，而是靠基金规模获取收益，所以资金规模越大对基金经理就越有利。但船大难掉头，如果大量投资者同时申购基金，就会导致持仓股票估值太高，不宜继续加仓；而关闭基金，就会影响基金经理的收入，一些基金经理就会按基金的原始投资配比继续加仓，最终导致投资者亏损。因此，能在基金过热时主动限购的基金经理值得我们更多的信任，因为他们不惜断送自己的收入，也要让投资者冷静、理性投资。

第四，选择投资时机要遵从"别人恐惧我贪婪"的原则。"在别人恐惧时我贪婪，在别人贪婪时我恐惧。"这是巴菲特老爷子送给投资者们的一句经典名言。因为当大家都恐惧时，基金大概率也跌到了低点，后期上涨空间比较大，但很多人害怕基金还会继续下跌，一下跌就停止了定投。事实上，没有哪支基金能永远上涨，如果基金只涨不跌我们反而没有机会进场，当基金跌无可跌时，自然会上涨。

第五，想好如何止盈。牛市一般比较短暂，如果盈利到了一定程度不止盈，等牛市过去了，又是漫长的熊市，在牛市期间赚到的钱又会亏损掉，资金就会反反复复像坐过山车一样，很难真正盈利。基金的止盈点我一般设置在20%左右，但这个标准不绝对，如果购买的是偏股型基金，止盈点的数字可以有所上浮；如果购买的是指数型基金，涨幅10%我也可能清仓。

止盈可以多分几次，量大时，分十次也未尝不可。甚至在定投时分几次投进去，止盈时就可分几次卖完，逐步锁定收益，这样做，如果基金在卖的过程中继续涨，还可以让利润飞一会儿，从而获得更多的盈利。

止盈之后，你就会面临资金如何重新投放的问题，如果选择让资金继续留在基金市场，你一定要学会下面这个重要的操作技巧。这种方法与直觉、人性相矛盾，但能让你的基金投资在原有基础上实现更大收益，真正吃到长期持有带来的红利，也是雷·达里奥、大卫·史文森等传奇投资人惯用的手段——这就是动态平衡法。

在讲解这个方法前，我先问大家一个问题：假如你现在持仓了两支基金，A基金涨势很好，而B基金处于下跌状态，现在你又有了一笔资金，让你投入到A和B中的任意一个，你会投哪个？

很多人都受买涨不买跌思想的影响，认为强者恒强，所以倾向于把资金投向涨势好的A基金，那看起来更有"钱"途。但如果想实现真正的低买高卖，最好是买入处于下跌状态的标的。这就是动态平衡法的基本原理：定期买入下跌资产、卖出上涨资产，让资产配置保持最初的投资比例。

为了方便计算和理解，我用股票举个例子。

比如你用2万元资金，按照50%配比分别购买2只股票，价格20元/股。

最初，A股票投资总额：20元×500股=10000元；B股票投资总额：20元×500股=10000元。

半年后，A股票涨到50元/股，B股票跌到10元/股，总资产=500×50+500×10=30000元

如果想继续保持最初的股票投资比例，就需要把A股票卖掉，买入B股票。

在新的市值情况下，想要让资产回到原来的配置比例，两个股票的投资额应该都是30000×50%=15000元。那么A股票就需要卖掉：（25000−15000）/50=200股；B股票需要买入：（15000−5000）/10=1000股。

这就是动态平衡法的算法。

长期来看，金融市场总是螺旋式上升的，既不会单边上涨，也不会单边下跌，很多投资者执行基金定投至少在一年以上，有人甚至定投几年到十几年。在这样漫长的投资期间，投

资者很容易产生困惑。因为当资产价格出现了阶段性高点之后，本来收获颇丰，投资者却只能眼睁睁看着，不能及时赎回、让资金落袋为安，感觉白白浪费了好行情。

动态平衡法可以帮助我们避免踩人性贪婪的雷，既实现了低买高卖，又扼杀了一味追涨杀跌的心态。通过定期卖掉上涨资产锁定收益、买入下跌资产拉低购买价格和成本，让投资者既能长期持有基金和股票，又能获得短期波动带来的收益，从而实现利益最大化。

至于多长时间做一次动态平衡，情况因人而异，有人一季度做一次，有人半年、一年才做一次。决定做动态平衡的周期，建议主要考虑以下两个方面：

一是看赎回费用。大多数基金如果在一年之内赎回，赎回的费用会很高，所以我们应该尽量降低交易频次，避免产生不必要的交易费用。

二是看市场整体涨势。如果资产在几个月里出现很大的涨跌幅，我们可以缩短操作间隔时间，如果间隔时间太长（比如超过一年），可能会让我们错过高点获利和低点便宜买入的最佳机会。我们应该灵活运用各种理财工具和思维，不能生搬硬套，否则这些工具不但不能使我们如虎添翼，还会成为我们理财的枷锁。

再好的投资也可能面临亏损。基金定投的总体思路就是在低点时买入拉低成本，然后在高点时卖出获利，看似万无一失，但知易行难。真正到了价格低点，很少有人敢坚持买入，大多数人一心只想从中抽离；而真正到了价格高点，大多数人又觉得没赚够，还想再等等……

为什么投资者总是知一套做一套呢？

第一个原因是投资者存在侥幸心理。有些人总是无视事物的发展规律，以为事态会像自己想象的那样发展。大家都清楚地知道，理财的第一要事是控制风险，所持有的资金量越大，越要牺牲一部分盈利来换取资金安全；即便资金量很小，也不能把鸡蛋都放在同一个篮子里。但有些人总觉得市场变坏这件事不可能轮到自己头上，甚至认为即使亏损真的发生，到时再踩刹车也来得及。

第二个原因是投资者的贪婪。那些把所有钱都压在股市的人，往往是因为看到别人能让资产在股市翻几番，所以自己也想投重金，希望在股市快速赚到钱。但这种人根本不去研究股市，更不知道向懂行的人学习，很容易造成亏损。但即便面对亏损，这种人还是会被贪婪驱使，非要等涨回来，结果越亏越多；而在上涨的时候想要赚更多，结果把前期赚到的钱也亏了出去。

第三个原因是投资者的懒惰。总有一些投资者想一劳永逸，坐等收益。比如当他听说理财保险的收益都在合同里写明了，就索性把自己90%的资金都用来买理财保险；当他知道存银行定期肯定不亏本，就把所有钱都投放在一家银行的大额存单。结果其他资产上涨的时候，他只能干看着别人投资其他资产，赚取更高的收益，自己却拿不出资金用于投资。

对上面三种投资者的通病，有三种疗法，具体见图4-2。

第一种是最温和的：加入一个靠谱的理财社群。 每天都会有人耳提面命，用正确的理财思维给你"洗脑"，直到这种思想成为你自己的思想，能够指导你进行理财操作。**第二种是最暴力的：亏一笔钱，让自己尝到苦头，从此再不抱有幻想，规规矩矩行事。** 当然这个疗法副作用太大，能不用尽量不用，我曾经就是接受了这种疗法，所幸当时积蓄不多，亏损也不多，当时我的精神也够顽强，没有被击垮，重整旗鼓后才有了现在的理财成绩。**最后一个疗法适合所有人，也最为有效，那就是：原则定好，坚定执行。其实就是自律。** 比如买股票时定好止损线，哪怕卖飞了（提早出售股票导致少赚了钱），也要坚定卖出。这样虽然有50%的可能会错过高收益，但确实能100%阻止大亏损。这个疗法只能自己习得，如果你能学会，必将受益匪浅。自律，也是界定一个人心智是否成熟的标志，每个成年人的词典里，都应该有这个词。

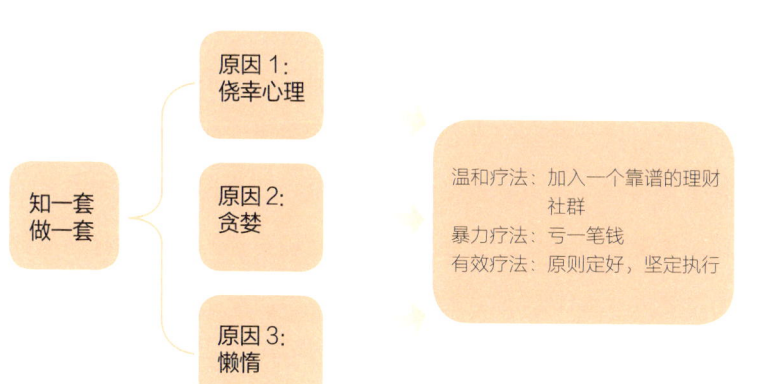

图4-2 "知一套做一套"的病因与疗法

03 *你也可以投资股票*

很多人把股票投资看作洪水猛兽，认为风险太大，亏钱速度太快。其实对普通投资者而言，股市的参与门槛低，只需自己努力，无须他人配合就能赚到钱。但刚开始投资时，请你只拿出少量资金参与，股价不到跌无可跌的地步，不要用大笔资金参与。因为几乎每个人在初入股市时都会交三笔学费，一笔交给"等不了"，一笔交给"赚了不想卖"，一笔交给"跌了不敢买"。如果你从一开始就满仓操作不留余地，极有可能不到两个月就会被割好几茬韭菜，最后离市；如果从一开始你只是少量参与，可以将沉没成本降到最少。等投资经验丰富了，再用大笔资金操练。此外，在入场之前，你一定要做好必要的心理建设，具体如下（见图4-3）。

首先，合理预期。只有摒弃不合理的预期，你的赚钱之路才能从此开始。法国哲学家、社会学家弗雷德里克·勒努瓦在其著作《与哲学家谈快乐》中写道："人要想快乐，其中有一个方法就是学会感恩。"当自己身上发生好事时，不应将其视为理所当然，而是将其视为意外惊喜。只有常怀感恩之心，才能得到更多理性的快乐。之所以强调"理性的快乐"，是因为当一个人对某件事拥有合理的预期，面对事态变化，无论自己为了趋利避害做出什么选择，他的心态都能保持理性而不失衡。这恰恰与股票投资中的预期管理有着异曲同工之妙。

在进行股市投资时，抱有不合理的预期常常会让投资者血本无归。情况一般是这样的：股票盈利时，投资者觉得还能涨，还能赚更多，于是不止盈，结果把前期赚到的钱又亏了出去；当股票亏损时，投资者觉得一定能涨回来，硬撑着不止损，结果越亏越多。"觉得"这个词，本质上是唯心的，是毫无依据可言的一厢情愿。由此产生出的所谓"判断"，都属于不合理的预期。那么，怎样才能做出客观、合理的预期呢？只有承认市场是变化无常的，提前制订一套符合自己风险承受能力、同时能增加自己获利概率的操作规则。心中有了规则，无论市场如何变化，你都能做到坚定执行，不恋战、不恐惧，去留从容，不再纠结。

比如，本来涨3%就想落袋为安，结果开盘即涨停，你便收获了意外之喜，股市对你来说不再是痛苦的金钱角斗场；如果跌了，你也会按照止损线割肉出场，一切依旧在你掌控之中，做到从容不迫。

> 说到底，摒弃不合理预期的本质在于降低对外界环境的期待，专注做好自身的功课。

你可以制订好赚钱规则，但不能要求外界遵从；市场也许会回应你，但你不能指望市场总是回应你，更不能因为市场变化不及预期就心态变坏，否则，你就会离赚钱越来越远。

其次，心情差的时候不要做决策。 人的情绪和身体状态也像股票K线一样，起起伏伏，有波峰波谷，有上升期和衰退期。股票在上涨时买盘大于卖盘，下跌时卖盘大于买盘，人的情绪也一样，处于情绪低谷时最好不要做决策，而应做一些养精蓄锐的事，这时更适合向内求，比如看书、学习、思考；状态不错时，可以做一些"开疆拓土"的尝试，这时更适合向外求，比如维护人际关系、做投资决策。就像一年四季，万物应时而作。春夏欣欣向荣，努力成长灿烂绽放；秋冬零落萧瑟，秋收冬藏储蓄能量。世界的规律告诉我们：**该蓄势时韬光养晦，该做事时不遗余力。**

当你情绪差的时候，身体的能量也会降低，很难释放出正能量，也就不容易吸引正能量的物质。尤其在金钱场上，只有当你的能量大于对方的能量，金钱才会向你流动，反之就会流向对方。同样，在进行股票投资时，虽然是使用电子设备进行操作，而非与人面对面交易，但买卖双方之间能量流动的规律是不变的。能量降低的具体表现是怠于分析、懒得研究、心不在焉、焦躁不安，这些都会让你做出错误判断，金钱自然也会流向那些能量更强的人了。

做好自我情绪管理，你就赢得了第一步。每个人先要认识自己，总结自己的情绪起伏周期和规律，学会和自己和平共处，才能与世界很好地发生联系。成年人一定要懂得尊重事物规律，只有运用规律、顺势而为，才能获得成功。

第三，要保持心态稳定。这几个字说起来容易，要真正做到非常难。许多人在亏损的时候，要么愤怒离场，要么执意死磕到底、越陷越深。更糟糕的是，有些人一遇到亏损便精神状态变差，没有心情做任何事，每天只盯着大盘，做毫无意义的幻想，不仅损失了金钱，还浪费了宝贵的时间，遭受双重损失。

在盈利时，自己也要注意保持心态稳定。因为导致亏钱的很多决定，恰恰是在盈利时做出的。盈利会让一个人自信爆棚，失去对市场行情的理性判断，选择投资项目时往往过于乐观，打破既往的选股原则，很容易导致意外的亏损。

第四，随时复盘。股票是门槛最低的赚钱方法，也是门槛最高的修行道场。只有不断研究学习，并把学到的知识在市场实战验证，再根据得到的经验不断优化自己认知体系的人，才能从股市中赚到钱。

我认识一个股市新人，她在不到半年时间内，把自己投入的100万元资金做到了200万元的规模。她在每次操作之后，都会记录自己从头到尾的心理变化，包括股票处于不同价位时自己的不同想法及其产生原因，认真分析并找出错误，据此制订适合自己的操作规则。这样一来，在下次操作时，她不仅能避免犯同样的错误，而且能做到"卖有卖的依据，买有买的理由"。虽然偶尔有被她卖飞的股票，也有让她不停割肉的股票，但她的心态却越来越沉稳，不再恐惧和焦虑。就这样，她在不到一年的时间内，就从一个新手小白，进阶为有道有术的投资达人，其手段和速度都不得不令人惊叹、敬佩。

> 绝大多数在股票投资里赔上全部家当的人，最开始只是想赚个"买菜钱"，他们抱着"小赌怡情"的想法，最终却"大赌伤身"，这些人的共同点就是：从不复盘。

在股票投资初期，其实很多人都在蛮干，只有很少一部分人一边实战一边研究，不断摸着石头过河，早早脱离了蒙昧。但股票的价格走向不会由某个人的努力程度决定，市场的不确定性给人们留下更多的是迷茫和自我怀疑，以及不断亏损的痛苦记忆。这些磨难让很多人觉得股市投资不适合自己，便与其渐行渐远，以至于到后来大多数人都掉队了。只有剩下的少数投资者坚持复盘总结，形成一套适合自己的打法，开始享受赢多输少的股票市场。他们中的极少数人甚至能做到灵活运用规则，把知识、技巧和经验都提炼、转化为直觉的判断，以无招胜有招，把投资股票变成了一门艺术。

最后，要有波段思维。股票K线是一条有波峰、有波谷的起伏曲线，如果能抓住每段上升波，你就相当于每天都处在牛市。想要拥有波段思维，需要牢记以下几点。

（1）从波峰到波谷这段下跌，能避开就避开，千万不要想着抄底。普通散户抄底，很可能只抄到半山腰，抄完才发现底下有底，再往下还有牢底。而且，如果当你发现自己抄的不是底，就去不断补仓拉低成本，这样只会很快把子弹打光，"望股兴叹"。

（2）当股价滑入一个波谷，且一直在小范围内反复，基本可以判定此时价格进入了真正的谷底。这时就要想到巴菲特老爷子那句："在别人恐惧时我贪婪，在别人贪婪时我恐惧。"不过，等到股价走出低谷，开始稳定爬升时你再入场也不迟。

（3）当听到各大互联网平台、各大媒体争相报道股市大涨的好消息时，这次股价上涨大概率已经到了强弩之末。虽然无法确定这些消息是不是意味着到了真正的波峰，但你也该从中抽身了。如果心有不甘，请告诉自己：买是因为想赚钱，卖是因为不想亏钱。既然此时股票已经有过一段价格爬坡，你赚到了钱，就应该考虑卖出——不该用100%实现了的目标，去承担50%可能的亏损风险。

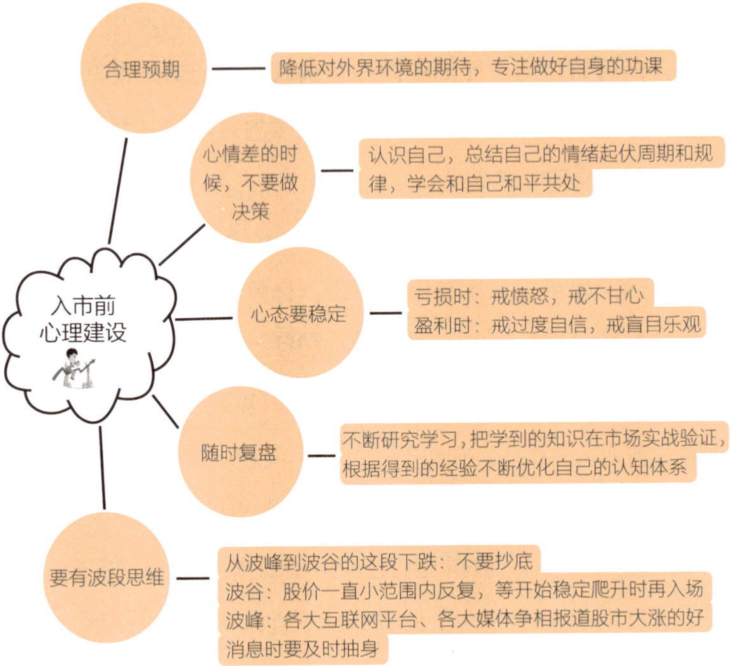

图4-3 股票入市前要做好的心理建设

做好了以上心理建设，你便可以很从容地入场。而下面这些内容是我一路摸爬滚打总结出的实用经验，希望能帮助你在股票的战场上过五关、斩六将。

第一，时刻记得止损。 投资股票就像驾驶汽车，当你平稳行驶时，如果路口突然出现一群行人，为了控制局面、避免危险发生，最安全、有效的操作就是刹车，也就是及时止损。止损是出于对未来的考虑，所以不要回望过去，过去的盈亏只会让你贪婪和犹豫，而亏损在你犹豫的短短几分钟内还在继续。懂得止损，就能把风险限定在可控范围内，为你保留较多的本金东山再起。

需要止损的情况有以下3种：

（1）下跌止损。如果在股票下跌时不止损，以后你看到下跌还会继续加仓拉低成本，只会被套牢更多资金，且本金越多，跌幅相同时亏损就越多；此外，你还丧失了购买其他股票的机会成本。

（2）先涨后跌止损。当股票先涨后跌时，如果你不止损，会把之前的盈利也亏损掉。比如本来盈利20%，后来下跌到15%，虽然没能在最佳时机卖出，但此时止损仍能实现部分盈利，不会彻底亏完。

（3）震荡止损。如果你做短线炒股，某只股票总是在震荡，而且涨得少、跌得快，这时就需要止损。短线炒股要保证资金的高流动性，才能使收益最大化。比如你投入5万元本金购买一只股票，一直任凭股票震荡而不进行任何交易操作，在第十天一次性盈利10%。但如果在这期间内，你每天买卖一次，经过五轮操作，即便每次只盈利1%，也赚到了5%；而此时股票仍在上涨，就算在涨到3%的时候购入，同样在涨到10%的时候止损卖出，你还能赚到后续上涨的7%。这样一来，综合收益率就达到了12%，比起等待股票在某一天暴涨，让资金积极流动起来并及时止损的操作显然性价比更高。

　　第二，止损只是手段，盈利才是目的。投资界有句名言：截断亏损，让利润奔跑。但如果只记住前半句，"止损"就变成了你的"心锚"，与股市紧紧联结，每次购入股票，你首先就想到止损，盈利反而成了次要考虑的事情，这样就会导致自己

很难在短线炒股中赚到钱。著名军事理论家克劳塞维茨在《战争论》一书中写道："进攻是最好的防守。"这句话放在短线股票投资中尤其适合——盈利相当于进攻，止损好比防守，止损固然重要，但盈利才是股票投资的目的，盈利也是最高级的止损方式。

　　股票投资无外乎三种操作：买、卖、持有。

　　关于"买"这个操作，如果一个投资者以止损为目的，往往会随心所欲选择买入时机，因为他早已将止损视作股票投资的万能法宝，有恃无恐，觉得大不了止损出场，反正不会亏损太多。但想要促成一笔成功的股票交易，选择合适的买入时机很重要。在股市中，大多数个股每天的涨跌幅度都保持在2%以下，大涨的概率很小。如果投资者不经过深思熟虑就贸然建仓，可能股价还没来得及上涨，就跌回成本价以下了。

　　"卖"的操作决定了一笔股票交易最终是否赚钱，如果不卖出，再多的盈利都是浮盈，没有真正变成投资者银行账户里的数字。而如果一个投资者以止损为目的，当他遇到股票下跌到止损线又反弹的情况，脑海中便只有一个念头："终于回本了，赶紧跑。"甚至股票还没反弹回成本价，仍有小

幅亏损时，他也会止损出场，生怕再回到之前的跌势。结果要么亏损，要么错过之后的涨势、只收获极小的利润。

"持有"是如何被"止损"这个心锚影响的呢？通过上面的分析，我们已经知道，在投资中遇到震荡行情时，虽然盈亏都很小，但总体上是亏损的；如果股票震荡很久，却始终达不到止损线，投资者一直持有，就还会损失机会成本。

> 止损本质上是为了更好地盈利，是手段，而非目的。期盼不要输，是保守、狭隘的投资思维；一切为了赢，才是积累财富的雄心壮志。

第三，想赢在起点，就要买对股票和价格。对短线股票投资而言，买对股票和价格，就成功了一半。首先要买对股票。短线股票投资主要是买对题材、买对趋势，这要求我们紧跟资金流向，包括北向资金、机构资金，还有数量巨大的游资，这样才能从中获利。为此，我们需要配备一些财经软件，方便了解大趋势、获悉新消息。比如"同花顺"里就有每天的大盘走强板块，还有"开盘啦""雪球"等软件，都可以辅助我们进行股票操作与分析。最关键的是，我们自己要主动观察，发现板块与板块的轮动规律和轮动逻辑。比如，当俄乌战争爆发，就要关注能源、粮食、军工、科技

第四章 学会钱生钱

· 123 ·

股；当政府发债，就要关注基建相关的板块。这种对行业板块的敏感需要通过长期对股市的观察、实践和总结才能培养出来。看对趋势，再找相关板块及其上下游有上涨空间的企业进行投资，这就是选择的第一步。

选出对的股票，只能保证投资的大方向正确，但如果想盈利，还要选对买入的价格，实现低买高卖。买入分为逢低买入和追高买入两种情况：第一种情况是面对两只基本面不错、过往涨势都很迅猛的股票，一只目前涨幅下跌了10%，另一只涨幅已经下跌了50%，如果你想逢低买入就选后者，它的上升空间和上升概率更大；第二种情况是很多投资者看到股价一直上涨就很着急，担心错过这一轮上涨时机，于是追高买入，结果刚买入价格就开始下跌，第二天还在继续下跌。**同样是追高买入，如果配合着交易量看，价涨量也增，此时跟买会极大地增加收益率。**

在股票强势上涨了好几轮之后买入，或者虽未连续涨停、但价格一直保持在高位时买入都属于追高买入。此时虽然不排除股票存在继续上涨的可能，但其可能性已经很小。所以，最好的买入时机是价格处于上升趋势，但还没有涨得太高，刚企稳时买入，赚一个小波段即可卖出。

别小看小波段的威力，如果你每天都能赚一个小波段，一年下来一定成绩斐然。选择好的买入时机很考验投资者的耐力，等待买入时机的过程中，你心里必须能沉得住气，哪怕最终错过了一只涨停股也没关系。**毕竟股市里的钱根本赚不完，而自己的钱，如果操作不当就会瞬间赔光。**

　　第四，学会做差价。 做差价就是低买高卖，很多人认为，只有在股票盈利时，做差价才有意义；也有人觉得，做差价只有当天买当天卖才有意义和成就感，如果隔了几天才卖出，就是变相割肉。这两种想法都是不对的。

　　比如，你持有某只股票100股，目前亏损了20%左右，成本20元，某天下跌到15元时，你又加仓了100股，但是加仓当天的价格并没有反弹，等于新加仓的100股也被套住了，接下来几天，股票每天涨一点，几天后一共涨了5%左右，股价涨到16元。尽管现在依旧亏损20%，但如果你此时需要使用资金，此时卖出100股依然稳赚不亏。一方面，对于后来加仓的那100股，15元买入16元卖出，仍然是正T交易；另一方面，后续你还可以等待下次股票下跌时再次加仓，如法炮制做差价，如果上涨幅度大，就能减少整体的亏损。

　　及时卖出回笼资金也就等于自己掌握主动权和机会，否则遇到合适的时机，自己没钱加仓就只能被动等待。另外，当你做差价卖出一部分后，底仓就减少了，即便股票继续下跌，你承受的心理压力也会减小，也有利于保持良好心态。

　　第五，割肉也要有章法。 很多人一听到"割肉"两个字，就会想到被深套几十个百分点时被迫清仓的痛苦经历。其实，割肉也是有章法的，有一种割肉叫"换股"，就是割掉下行趋势的弱势股，换成上行趋势的强势股。

比如，当你手中的A股票跌多涨少、上涨无望时，如果卖掉这只股票，那就把浮亏变成了实际亏损。但假如你跟踪了另一只股票B时，你认为B的股质不错，目前股价也在相对低点，你就可以卖掉A股票换成B股票。在总资金保持不变的前提下，如果B股票价格等于A股票，就可以等量买入；如果B股票价格高于A股票，就减量买入；如果B股票价格低于A股票，就增量买入。如果日后B股票上涨，按资金比例来说，A股票的亏损就能被抵消，这样一来，你通过割肉反而增大了资金的盈利概率，增强了回血的能力。你损失的仅仅是两次操作的手续费，却能换取始终在场的资格——只要你不离场，博弈还在继续，就有翻盘的机会。

当然，这样操作也有风险，很多人在割肉换股时没有做好足够的考察和跟踪，导致卖了A买入B，结果B也跌了；更糟糕的情况是，B跌了，A反而涨了。想要避免这种情况、提高决策的成功概率，你必须提前把功课做足。比如通过观察，你发现某只股票是主线股中的强势股，行情大跌时它很抗跌，甚至还会逆势上涨，即使下跌，反弹时也很强劲；或者某只股票一直处于高位，没机会下手，基本面很好，经过几轮下跌，终于跌到低位并止跌，在低位震荡徘徊，随时有反弹可能。遇到这两种股票时你要多留意，可以加入自选股并置顶，保持密切关注，遇到合适时机就可以作为换股对象。

第六，牢记短线股票投资的"五忌"。

一忌同时间持股数量太多，我建议持股数量最好不超过3只。如果你的持仓股里有众多股票，上午股市一开盘，随着价格不断变化，满屏的红红绿绿很快会让你眼花缭乱，根本没法专注于某一只股票。而涨跌是瞬息万变的，可能你刚把一只股票的后续操作想明白了，就错过了另外几只股票的最佳卖出时机。而且你的持仓股越多，股票之间出现板块冲突的概率就越大，不同板块股票的盈亏也许会出现相互抵牾、此消彼长，到算总账时你会发现：自己忙了半天，白交了很多手续费，并没有带来实际收益。

二忌占用太多时间盯盘。很多年前我投资股票时并没买多少，但一盯一上午，耽误了很多重要的事。后来我发现，让我对盯盘上瘾的是价格波动带来的刺激感和对盈利的幻想。比如，当看到某只股票涨停，我就会幻想如果自己也买了这只股票，该获得多少收益。甚至还会假设自己买了多少金额，就会赚取多少钱，现在想来，这种做法实在幼稚至极。后来随着我的交易经验越来越丰富，我发现真正有效的操作，在几分钟内就可以做出。如果想买入，一般在开盘20分钟后的价格比较合适，也就是上午9：50到10：10分之间；如果想卖出，上午开盘后的10分钟左右就该迅速出手；另外，下午2：45以后也会有合适的机会。

三忌平均分摊资金。几年前有位投资高人说，判断一个投资者是不是新手，看他持仓股票的市值分布就可以了。新手一般会把钱平均分摊到几只股票中，比如一个投资者用10000元买了5只股票，每一只都用2000元购买。这样做是因为他对每一只下单的股票都没有信心，才会通过平均分摊份额来平均分摊风险。结果却在买到好股票时，因为本金太过分散，即使其中个股大涨也赚不了太多；当买到烂股票时，一开始因为亏得少而不在乎，最终越亏越多。

四忌复制他人的方法。每个人的投资方法都具有极强的个性，没办法原样搬运，你必须总结适合自己的一套方法。我曾记录自己2022年4月21日到4月29日这一周内所有的交易行为，看完后，自己就明白了交易操作的不可复制性。

4月21日：一开盘，持仓股票全部显示亏损，自选股也鲜有几点红。我没闲着，按规矩出牌，把跌到止损线的股票先卖了一半，如果继续跌，再卖剩下的一半。持仓少的股票直接就卖出了。

4月22日：上证指数从3079涨到3086，涨幅聊胜于无，持仓的个股依旧多多少少地下跌，我继续减轻仓位，把亏损面不断缩小。

4月25日：股市暴跌到3000点以下，我没加仓但也没闲着，把之前看好的3只股票统统置顶观察。

4月26日：市场下跌到了2800多点，我把仓位加到60%。

4月27日：股市开始修整，涨到了2900点，我的亏损随即减少，有两只股票回本并且盈利。回本的股票我卖出一半，依旧亏损的那两只全部卖出。4月25日加自选的3只股票，我挂了很低的单，收市时成交两只。仓位变成50%。

4月28日：我做好了两手准备，如果股票继续下跌，就卖出一半，等跌到一定程度再买回来；如果上涨，我就择机做T。结果当日大盘继续上涨，但没有给我做T的机会。不过我也实现了盈利，还低价买到了心仪已久的股票。继续保持观察。

4月29日：大盘指数继续上涨，所有股票都实现了盈利。

虽然最后的结果是盈利的，但要想复制每日具体的操作过程根本不可能。

五忌买卖周期拉得太长。短线股票投资唯快不破，行情不好时哪怕买了就亏，也要趁亏得不太多时赶快减仓，等跌到更低时再买入不迟。短线股票投资不要在大涨或者大跌时才操作，只要到了所设置的止损点或止盈点，都是操作的最佳时间。

图4-4总结了以上短期股票投资的"五忌"，可供你参考。

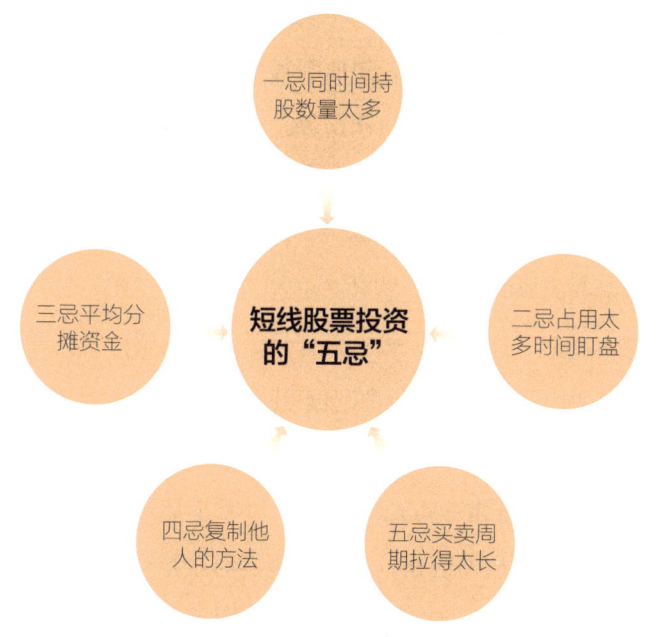

图4-4　短期股票投资的"五忌"

我在这一节开篇写道，很多人惧怕投资股票，这是因为股票市场那种波诡云谲的价格走势充满不确定性，仿佛一个无形的碎钞机，他们也就因此错过了一个高效、便捷的赚钱渠道。但股市真的恐怖如斯、让投资者知难而退吗？

有一次在周四尾盘时，我买了一只一直看好的股票，在周五集中竞价时它就涨停了，就在我犹豫开盘要不要卖出的时候，没想到在开盘的一瞬间，它就跌去了4%，而且跌势还在继续。看着到手的肥鸭瞬间变成一只瘦鸽，我更犹豫了：到底卖不卖出？所幸多年的经验给了我"卖出去"的直觉，尽管卖出的时候利润仅剩4%，但我依旧选择果断卖出。结果卖出后不到5分钟，这只股票便一直下跌，一直跌至收盘时的-6%。

我举这个案例，并不是想证明我当时的决策有多明智，因为这只股票也完全有可能再次涨停。我想说的是，**相比于赚到更多，我们的首要任务是确保赚到。**而要想保证每次都能大概率赚到，我们必须明白一件事——为什么人们总是犹豫，犹豫会受到哪些因素的影响？

答案就是"恐惧"。太多人害怕错过好股票，错失赚钱良机；怕损失弥补不回来；怕盈利再亏回去；怕承担眼睁睁看着钱被自己赔光的责任和压力……我见过很多执着于回本的投资者，他们对股市抱有非常不切实际的预期，本质上都是因为恐惧。

而恐惧的深层原因是，很多投资者都抱着一锤子买卖的想法在进行股票操作，没有做长期交易的思想准备。当他们错过一只涨停股，就感觉错过了整个世界，忽视了其他拥有上涨潜力的股票；当他们亏了钱，就感觉永远失去了资产，其实涨跌的概率是相同的，下一次至少有50%的概率会赚到钱。除非彻底离场，永不重回股市。

所以，股票投资并不可怕，真正可怕的是投资者自己人性中的弱点。

> 终其一生，人都要为自己的行为负责。一个总想逃避责任、不敢担当的人，他不仅在股市无法生存，在其他任何领域也无法生存。

越是靠近金钱的地方，我们越能看清自己，也越能修炼自己。在与金钱打交道的过程中，不仅能让自己更好地理解周围的人和事，也能更好地理解人性，这也是我这么多年始终喜欢理财，坚持在股市摸爬滚打的原因。

最后，衷心祝愿你能在股市中成长，赚到属于自己的那一份财富。

04 三项资产配置好，赚钱轻松又省心

一、房产

很多人觉得买房不再划算，既没有价值空间，变现过程更是麻烦重重，一旦买了房，就变身房奴，以后的生活质量都会下降。但我觉得，每个年轻人都应该拥有一套自己的住房，原因有二：

第一，买房能提高人的赚钱积极性。**压力太大不好，但完全没压力更糟糕。**豆子之所以发芽快，是因为上面压着石头。当然，要在自己能够承受的压力下努力才行，比如自己只能承受总价一百万的房产，却非要购买价值千万的豪宅，就不切实际了。

第二，人不能没有安全感，而房子是满足这一需求的基础。疫情期间，很多租房子住的人都经历过小区被封控时有家回不去的窘境。从另一个角度想，买房产虽然结束了你自由闲

散的生活，但房产也给了你安心、稳定的情绪价值。原始人尚且需要一个山洞庇护自己，那样他们才能一心一意地狩猎和哺育后代，现代人更需要一个属于自己的容身之所，这样才能心无挂碍地轻装前行。

（一）几条买房的宏观原则

第一，对于刚需房，买不起大的先买小的。这条原则尤其适用于刚毕业经济还不宽裕的年轻人。有人认为买自用房就应该一次到位、买大一点的。但是对于买房而言，区位无比重要。被学校、医院、办事机构、商圈环绕的位置，房价就有很大的升值空间，但价格也会高出很多，要想在这样的地方买大房子，经济压力会非常大；也有很多人为了更大的面积，不得不在离城市中心较远的地方买房，或者干脆等自己攒够了钱再买，这两种做法都是不可取的。正确的做法应该是：先在好的区位购买小面积的房产，等升值后再找机会换成面积更大的房产。因为你越早加入这个有房可以增值的队伍中越好，不能干等着，否则只会被房价越抛越远。

第二，如果资金允许，可以考虑去不同城市投资房产。而具体投资哪些城市的房产，可以先去当地统计局网站查看城市统计年鉴、服务业统计年鉴等数据，重点关注城市的总体规模、人口流入、人均收入、儿童数量、财政收入、服务业占比等因素。

（1）城市总体规模，主要可以根据人口总量和GDP总量来衡量。规模大的城市基础设施建设、城市管理水平也较高，各种资源也更容易流入。

（2）人口流入量大的城市，房价也肯定高。就拿我之前生活的鄂尔多斯市来说，虽然是个三线小城，但是因为它的各方面资源好于周边许多城市，周边许多人都愿意来这里找工作，鄂尔多斯的房价因此相对较高。

（3）人均收入高的城市，消费者的购买力也相对更强，房价自然也会更高。

（4）儿童数量多、增速快的城市，人们对房产的刚需也越大，因为每个家庭都需要购买学区房，以解决孩子上学的问题，当地的房价必然增速快。

（5）财政收入高的城市，政府轻易不会通过大规模卖地贴补当地的财政，这对房价不会产生太大压力。

经济不景气时，虽然可以看到一幢幢盖了一半的烂尾楼，但那些优质的餐饮店铺依旧日日开张，可见服务业发达的城市，更容易对抗经济下行的压力，房价也不会轻易下跌。

有人可能会说："我的资金只够在自己所在的城市周围投资，不符合上面那些条件，或者只符合几项怎么办？"我的回答是："你可以将上面的原则应用在自己生活的区域，比如，省会城市、本省人口流入多的城市、本省学校资源多的城市、财政收入好的城市等，这些都可以入选你的购房目标城市。"

第三，即便单纯为了改善生活条件而购房，也要重视区位的选择。

如果不用考虑孩子上学问题，只为改善住房条件，那么在购买新房时至少需要考虑以下几个方面：

一是新房距离上班地点最好不要太远，花费在路上的时间和油钱，日积月累也是不小的开销。

二是新房周围有无成熟的基础设施建设，是否能够满足自己在医疗、购物、生活、交通出行方面的需求。因为，我们改善的不仅是住，医、食、行、用四项也应在改善之列。如果周围能有三甲级医院就更好，看病近也是提升自己幸福指数的一大因素。

三是面积并非越大越好，要看具体情况。除非你决定现在打算买的这套住房今后不会再更换。只要你还有更换的可能，就不得不提前考虑房子转手的问题。因为一线城市的房价很贵，房屋面积不超90平方米的房产更容易转手；二线城市的房屋面积不超过120平方米是理智选择；而在我生活的三线城市，面积90平方米大多是刚需房首选，面积140~160平方米的三室是改善房的合理区间。面积更大的房子，因总价过高，再考虑到供暖、物业费等配套费用，转手并不容易。

四是注意挑选物业。物业服务水平的高低，直接关系到每天的入住体验。好的物业能免费帮你搬东西到家门口，而差的物业连小区门口的垃圾都不能保证及时清理。如果碰上服务不好的物业，住着再满意的房子也会给自己心里添堵。

五是不要因小失大。比如，新楼盘的售楼单价为2万元左右，但销售人员告诉你，有几套房子因为是一二层楼，采光不太好，所以尾盘清理单价是1.9万元。你一算，如果同样买个面积180平方米的房子，这套房产的总价就能便宜18万元，认为很划算，于是你便打折买了一楼。虽然省下的这部分钱在当时让你感觉很划算，但当你住在采光不好的房子里、天天面对阴沉沉的空间时，价格便宜带来的愉悦感很快就会消失殆尽。

六是选择性参考别人意见。我有一位同事，他特别在意房子的噪声污染，买房前他问了很多人，但大家对房子关注的重点并不一样，有人觉得只要楼层高，根本不会被噪声影响，就给他推荐了很多不同类型的房源，结果同事兜兜转转看了一年多，也没买到心仪的房子。在此期间，每平方米的房价又缓缓上涨了一千多元。后来，他还是买了一个不临街、噪声污染小的房子，但是比一年前多花了十多万元，还浪费不少时间。买房和买衣服一样，都是自己用，不管别人怎么说，还是要以自己的需求为中心进行选择。

（二）几条买房的微观原则

（1）买房除了问中介、问物业，你还可以访问真实的居住者。之前我十分看好某套学区房，但中介急于成交，跟我介绍的都是这套房的优点。一个偶然的机会，我在小区碰见一个散步的大妈，我凑上去主动搭讪，很真诚地说明来意，并热情地递上水果。大妈一看我比较诚恳，就毫无保留地向我诉说了她的住房体验。譬如，房子普遍隔音差、哪几栋楼的用料不好、物业如何、电梯经常坏，甚至连一楼的房子上午几点有阳光进入都告诉了我。后来我在无意间知道有个朋友也在那里居住，便也向他求证，结果他说的情况和之前大妈告诉我的几乎一致，我也就没有买那个小区的房子。

这算是买房的一点小心机吧，直接去现场采风，也许会让你有意想不到的收获。

（2）要想选购采光好的房子，至少要买总层高四分之一以上的。比如一栋楼总层高32层，你就要买8楼以上；如果楼间距不超过60米，密集度高，就要买得更高些，至少要买10楼以上。

（3）考虑到生活品质，楼盘面积中等最好。如果楼盘太小，绿化景观往往是马马虎虎，缺少规划；如果楼盘太大，人和车都会很多，往往比较喧闹，业主会缺少归属感。最好的居住场所就是大小适中的楼盘，小区内有绿化、有景观，居住气息浓厚，即便在喧闹的都市，业主也能静逸地生活。

（4）在房子的格局方面，功能区最好不要互相交叉。一般家庭住房的功能区分三个区域：读书休息区，就是卧室和书房；会客区，就是客厅和餐厅；做饭区，就是厨房。这三个区域最好不要互相穿插，否则会影响居住体验。

（5）看房时注意带好指南针和红外线测量尺。坐北朝南才是房子的舒适朝向，用指南针可以测量出房子的朝向是否正南正北，而红外线测量尺可以测量出房子的真实面积和高度。

（6）集中时间看房，可以让自己选房高效又准确。如果分散看房，选择时间太长，就很容易忘记自己买房的初衷。集中时间看房的好处是，每套房看完后，自己对前一套房的记忆依然还保留着，方便对比优劣。通过集中对比，你就能很快排除不合适的楼盘，锁定目标房源。

（7）选择不同时段看房，对房屋采光条件的把握会更精准。如果正好赶在正午时分看一楼的房源，你就会认为这套房子的采光还可以，但这是它一天光照最好的时候，其他时间的采光可能会很差。如果你是阴天去看房，即便采光再好的房源，你也会觉得阴暗。所以，看房最好分开时段，上午、下午、阴天、晴天都看看。

表4-1总结了买房时宏观与微观的原则，可供你参考。

表4-1　买房时宏观与微观的原则

宏观	1. 对于刚需房，买不起大的先买小的
	2. 去不同城市投资房产，重点关注城市的总体规模、人口流入、人均收入、儿童数量、财政收入、服务业占比几个因素
	3. 在任何时候都要仔细选择区位
微观	1. 买房除了问中介、物业，还可以访问真实的居住者
	2. 要想选购采光好的房子，至少要买总层高四分之一以上的
	3. 考虑到生活品质，楼盘面积中等最好
	4. 在房子的格局方面，功能区最好不要互相交叉
	5. 看房时注意带好指南针和红外线测量尺
	6. 集中时间看房，可以让自己选房高效又准确
	7. 选择不同时段看房，对房屋采光条件的把握会更精准

二、银行理财

我在银行从业近11年，对银行理财产品比较信任，银行理财产品也是我有了第一笔工资收入时就开始配置的产品。虽然市面上的很多银行理财也出现过亏损，利率也越来越不理想，但我本人持有的产品至今未出现过任何亏损，一直是我财富球场里的守门员，所以我也把银行理财推荐给你。

银行理财，相当于我们把钱委托给银行，让银行代替我们打理，银行拿着我们的钱去投资股票、债券之类的投资品，赚钱以后再把收益分给我们。投资银行理财，建议买银行自营产品，这也是严格意义上的银行理财；还有一种是代理产品，就是银行帮其他机构销售的、非本银行研发的产品，比如基金、黄金，还有一些其他理财机构发售的产品。在风险方面，银行自营产品比代理产品的风险相对小一些。区分理财产品是银行自营还是代理有一个方法：在中国理财网输入产品登记编码，就可以查询到该产品的真实属性。

> 买银行理财产品一般需要注意两点，一个是收益，另一个是风险。

关于收益，正常理财产品的年化收益率一般在2%～5%。如果收益率高于5%，就要注意可能是非银行理财产品。但在一些特殊时期，比如季末、年末和每年的一、二、三月份，银行考虑存款余额，会短期内提高一些理财产品的利率。

人们贪图高利率，往往就会忽视背后隐含的风险。譬如十

第四章 学会钱生钱

年前的P2P理财，年化收益率轻易能达到10%以上，很多人为了追逐高利息，把毕生积蓄都拿到P2P平台投资，最终血本无归。其实，抛去高利息的来源不谈，只需运用一点常识，就能避免和减少损失。资金也是一种商品，利息的本质就是资金的商品价格，当人们都把钱拿去P2P平台赚取高回报时，必然导致资金过剩，价格就会下跌。更何况，这些资金最终的流向完全经不起考证，很多P2P资金走入歧途，最终泡沫破裂也是必然的事。所以，请诸位务必记住：收益和风险永远成正比。

投资者最担心本金和收益不能兑付，我建议你买大银行的中短期产品，这种风险相对较低。

很多人对银行理财产品的直观感受是种类太多，从琳琅满目的产品中，选出适合自己的产品让人很头痛。其实最简单、直接的操作是看产品说明书，说明书的内容一般很长，不需要每个点都细看，只需从中找到你关注的几个关键点就可以了。

第一是产品的全称。很多理财产品从全称上才能识别到底属于基金、保险，还是真正的银行理财。银行理财产品的全称里面通常会有"理财产品""理财计划"的字样；保险产品的名字里通常会出现保险相关的字眼，如"保险""医疗""意外""寿险"这些字样；基金产品的名字里大概率会出现"基金"两个字。如果通过全称也不能判断，你可以去中国理财网输入产品登记编码进行查询。

第二看起购金额。有些理财产品的起购金额比较高，甚至以百万元为起点，这种产品一般适合机构去购买；针对普通投资者的理财产品，起购金额往往相对较低。

第三看风险等级。这一点至关重要，一定要买自己风险承受范围以内的理财产品。一般情况下，理财产品的风险等级会在详情页上标注出来。如果你无法判断自己的风险承受能力，建议购买风险在中级以下的理财产品。

第四看产品的收益率。一般情况下，我们看到的收益率是一个预估值，并不是最终的收益率。收益率有两种形式，一种是7日年化收益率，另一种是业绩比较基准。7日年化收益率就是把最近7天的平均收益进行年化计算得出的数据，这个数据会随着时间的推移不断变化；业绩比较基准是指银行根据这款产品的历史业绩情况，结合所有本类产品的历史业绩推断出的预估值。所以，除非产品说明书中明确写明保障本金，否则都会以最终清算时的本息额为准。

除此之外，还有两组概念必须要搞明白。

第1组，募集期和清算期。产品的募集期和清算期都可以在说明书中找到。募集期是指产品开始发售到发售结束的这段时间，通常是几天，如果遇到节假日会延长；清算期是指从产品到期再到钱回到我们手上这段时间，如遇节假日也会延长。在这些期限之内，投进去钱，我们只能取得活期收益，有时甚至没有收益，无形中会稀释实际的年化收益率，特别是当理财产品本身期限很短的时候，被稀释的效果更为明显。

第2组，申购方式和赎回方式。申购方式是用来规定能够当天申购成功的时间段，如不在某个特定时间购买，只能等到下一个工作日才能申购成功并开始享受收益。比如，某产品的申购方式规定，如果在工作日的下午4：30之前买入，当天就能申购成功；如果在这个时间点之后购买，则要等到下个工作日才能申购成功。赎回方式关系到我们的现金流，一般有两种，即正常赎回和快速赎回。正常赎回是指在规定的时间内赎回才能当天到账，如果错过，要等到下个交易日才能到账，如果中间遇到节假日，则顺延到下个工作日；快速赎回是指无论在什么时候赎回都可以立刻到账，但这种赎回方式一般有金额上限，比如一次最高赎回5万元等限制。

三、精力也是你的重要资产

人们在潜意识里往往只将资产等同于现金类资产，苦于没有足够的现金可以支配。但其实每个人都有一项最珍贵、最重要的资产可以支配，只是还没有意识到它的重要性，那就是我们的精力。

现金类资产配置得当，你的赚钱效能就会增强；精力资产配置得当，你的幸福指数便会有极大的提升。金钱要以不同比例配置到不同的投资品类中，而你的精力也应该分配到人生最重要的几个领域中去。具体包括以下五个领域：事业、人际关系、健康、兴趣爱好和个人成长。

事业、人际关系、健康、兴趣爱好和个人成长，其中任意一项缺失，自己的人生都不会完满。

人生没有事业，便少了很大一部分精神追求，这里的事业未必就是上班，而是你愿意为之付出时间、同时能给你带来物质回报的工作。而事业的发展也会间接影响到人生的其他领域。一个人倘若没有一份属于自己的事业，他的社交圈会非常狭窄，挣钱更是无从谈起，还会影响到亲密关系的维护。很多人即使拿着并不丰厚的薪水，也要保持上班的状态，就是因为上班意味着他们能获取收入，建立自己的社交圈，不必依赖家庭，有独立的人格地位。

人际关系分为和父母、子女、伴侣、朋友、同事等的关系。每个人在这方面都要投入很多的精力，健康的人际关系能滋养人，糟糕的人际关系则会让人变得孤独、枯寂。

> 个人成长，犹如一个人的核心引擎，如果不把精力投入到个人成长中，就会失去内驱力，日后不仅会被时代落下，更会自我迷失。

健康的重要性更无须多言，人生拥有的所有财富如果是10000，健康就是为首的那个"1"，如果忽视自己的健康，后面即便有再多"0"都毫无意义。

兴趣爱好并不是休闲娱乐，虽然它们都能起到愉悦身心的作用，但真正的兴趣爱好还能为人提供希望、幸福和热情这些生命能量。

当然，一个人最好的投资就是自己。我认识一位个人形象管理师，她出生在乡下，原生家庭并不幸福，从小过着颠沛流离的生活。但她没有放弃学习和对美的追求，长大后有了一点积蓄，便报名学习形象管理课程，通过不懈努力，最终成为小有名气的形象管理师。她专门做一对一个案咨询，通过做性格测试和分析品牌特征，为客户提取独特的品牌色，客单价很高，现在能年入三十万元。

她的成长经历充分证明了投资自己的重要性。虽然我们可能手握烂牌，但终能绝地反击。一旦你真正明白这个道理，并且开始投资自己，就能开启不一样的人生道路。所以，无论何时你问我投资什么最好，我的回答永远是：投资你自己。

05 钱生钱的五种方式，总有一种适合你

一、投资黄金，到底值不值

金价一般在两种情况下会上涨：一是发生灾难。比如新冠疫情暴发几个月后，黄金价格就迎来了一波可观的上涨。二是通货膨胀。为了避免自己的资产贬值，很多人会在通货膨胀到来之前购入大量黄金，导致金价上涨。除了这两种情况外，金价在平时的波动幅度很小，在增值和流通方面都有其局限性，所以投资黄金的钱不要超过家庭总资产的5%。很多家庭每年用孩子的压岁钱买几十克黄金储藏，这就足够了。

此外，实物黄金投资有两个缺点：

一是不省心。影响金价的因素很复杂，如果想通过黄金投资赚钱，投资者需要保持关注国际政治经济局势、世界经济走势、几个大国的货币政策走向等，这对普通投资者要求太高。

二是不方便。实物黄金需要花钱租地方保存，变现时还需

要找人鉴定成色、纯度等，因为即使留存了购买时的纯度证明，买方也不一定相信。

如果实在喜欢黄金投资，普通投资者也可以通过以下两个方式参与，即黄金ETF联接基金与纸黄金。黄金ETF联接基金的购买极其方便，华夏、博时、易方达等基金管理公司都有这类产品。投资者只需选择那些跟踪误差小，资金规模较大的产品即可。纸黄金也叫账户黄金，许多商业银行都提供这类产品，在手机银行App上就可以购买。投资者可以按照银行报价在App上买卖虚拟黄金，不发生实物黄金的交割，只需在个人黄金账户上交易，高抛低吸赚取差价，不过交易手续费比较高，需要投资者额外关注。

二、理财型保险，你必须知道的那些事

理财型保险的名称五花八门，经常看到人头晕眼花。但你只需要记住：理财型保险万变不离年金、分红、万能账户等，下面展开具体介绍。

（1）年金。不同保险公司对年金的叫法有很多，如生存金、教育金，只要是缴够一定保费，一段时间之后便可以按固定频率（年、月等）返还你金额的就是年金。年金的利率一般都会在合同里写明，最终一定能拿到，通常不会比你缴纳的保费多太多。

（2）分红。就是你所购买的保险产品的投资收益，与保险

公司整体的利润有关，这部分收益要扣除税费、运行成本和业务员佣金等，剩下的钱才是你的分红，所以这部分收益完全也有可能是零。

（3）万能账户。就是保险公司把你没有领取的年金和分红都放在一起进行复利增值。保险公司一般会对这部分钱承诺保底收益，但利率不会很高，一般在3%左右。保底收益之外的收益都是不确定的，过往的可观收益和你最终能获得的收益并没有必然联系，只是保险公司的宣传手法而已。

理财型保险有两个优点：一是资金比较安全，有法律保障；二是如果你对未来的资金还没有更好的规划，可以通过投资保险提前锁定收益。

至于保险业务人员所宣传的强制储蓄、避税、避债，离婚也不用分割等优势，其实都是噱头。强制储蓄意味着流动性差，因为提前支取本金会造成很大损失；避税、避债对于理财型保险都不适用，因为保险金早晚还是会赔付到个人账户；而夫妻在婚姻期间购买的理财保险，即便离婚，保单收益仍可分割。

三、可转债，陌生又亲民的产品

可转债就是可以转换成股票的债券。对于融资的公司而言，债券是要还的，但股票不用还。所以，上市公司向投资者发行债券时会有一些约定，在特定条件下可以将债券转换成股票，这样公司就无须偿还债券。

即使可转债在你购买后不涨反跌，但其本质是债券，一旦到期公司仍要还本付息，因此也有很多投资者宁愿等到公司偿还本息，也不会割肉离场，从而起到稳定价格的作用。在牛市期间，你可以选择把债券按照约定价格转成股票，再把股票外卖给市场，就能从中获取很高的收益。所以说，可转债是"下跌有涯而上涨无涯"的可靠投资工具。

打新债，就是公司需要从市场融资，发行新的可转债让投资者购买。投资者购买可转债相当于把钱借给公司，可转债以100元每张的面值出售，一次至少购买10张。投资者之所以疯狂"打新债"，就是因为等可转债上市，待短期涨价后卖出便可以稳赚一笔；如果遇上牛市，还能转成股票赚更多钱。但公司每次发售的可转债是限量的，需要摇号抽签，中不中签、中几签都要看运气，很多时候即便中了也只是一两签。可能你本想用30000元来打新债，最后却只成交了1000元。

但打新债也并非一定能套利赚钱，新债上市就跌破发行价的例子比比皆是。因此我建议在准备打新时，提前了解市场的热度，可以去"集思录"网站，在"实时投资数据"里找到可转债的实时折溢价。如果大多数可转债的现价都在100元以上，说明市场热度很高，新债发行后大概率也能涨到100元以上；反之，如果很多可转债的现价都在100元以下，则说明现在不是打新债的好时机。

四、国债逆回购，值得一试

国债逆回购本质上就是一种短期贷款。你把钱借给国家，国家用债券做抵押，到期后国家偿还给你本金和利息。债券到期前，一直会被平台交易系统冻结，投资者等于间接持有债券，只要银行和债券公司不倒闭，就没有任何风险，是100%能够盈利的项目。

投资国债逆回购，你只需开立一个股票账户，在那里交易即可，虽然收益率不高也不固定，但在月末、季度末、半年末还有节假日前后等一些特定的时间购入，利息会比较高，相当于股票账户里的余额宝。国债逆回购的投资期限最少是1天，可以在任何一个券商平台进行交易，而且十分方便，只需买入时交易一次，到期后会自动卖出。比如你在今天买入1天期的国债，明天到期完成结算后资金就会自动回到股票账户的可用余额里，不影响再次操作。

国债逆回购的收益和期限都写在交易界面上，要不要买，全凭你自己判定能否接受期限和收益。

五、新股，有枣没枣打两杆

打新股，即申购新股，如果中签，你就能买到即将上市的股票。现在申购新股无须冻结资金，可以中签后再投入资金，对很多人来说是"空手套白狼"的好方法，你只需在发行日之前开一个证券账户即可。

如果你股票账户的资金量连续20天都能达到日均50万元的规模，就可以自动开通科创板块，参与科创板的新股申购。科创板新股上市较多，中签概率也较大，且上市后价格上涨较快，中上一签就能赚个小几万，收益十分可观。

任何事情都有两面性，虽然打中新股大概率能赚到钱，但也不排除股票破发的情况。如果新股发行市盈率过高，或发行价过高，或者在市场行情不好的时候发行，在上市当天或后来跌穿了认购的发行价格，赔钱也是必然的。而且，如今参与打新的人越来越多，中签概率大不如从前。但我还是建议"有枣没枣打两杆"，毕竟赚钱概率总体大于赔钱概率。理财就是如此，大钱大理，小钱小理，关键不在于钱的多少，而在于要有理财的意识。

图4-5总结了上述五种钱生钱的方式，可供你参考。

本章最后，我专门为你设置的习题是：罗列一下你目前能够运用的赚钱方式，看看有没有需要优化的地方。

优点：灾备、抵御通胀；缺点：不省心、不方便；建议用不超过家庭总资产的5%投资

万变不离年金、分红、万能账户

一种短期贷款，把钱借给国家，国家用债券做抵押，到期后国家还本金和利息

可以转换成股票的债券，是一款"下跌有涯而上涨无涯"的可靠投资工具

黄金

理财保险

国债逆回购

可转债

新股

"空手套白狼"的好方法，科创板新股上市较多，中签概率较大

图4-5　钱生钱的五种方式

一个人的财富，
是他生命元素的总和

在充满不确定性的时代，
只有个人的努力，才是最靠得住的资本

第五章
与财富息息相关的那些认知

01 能积累多少财富，取决于你有多大的盘子

对于财富积累，你一直抱有着怎样的认知？它们是你的助力还是阻力？

请你计算一下，从开始挣钱到现在，假如一分钱不花，你能积累多少财富。用这个数字减去你现在的存款数额，再除以你挣钱的年数，就能求得自己平均每年的花费是多少。如果你也总觉得这几年自己也没少挣钱，但并没攒下太多，那就是因为你还没做好坐拥大量财富的心理准备，有钱也把握不住。

在你没做好准备时，财富的到来就好比天上掉下来一块大馅饼，而你只拿了一个小碗去接，饼当然会擦着碗边掉在地上。所以你要先努力把小碗换成大盘子，这样才能容纳即将到来的财富。

把盘子做大需要以下几个条件：

第一，想方设法弄来"原材料"。原材料就是你的底层认知、知识量、思考能力、思维方式等，这些必须通过学习和行动经验来获得。比如你学习了沟通的方法，进而运用它提升了人际关系，如果你身处职场，良好的人际关系可以增强你的职场竞争力，继而为你带来更多的升迁机会，你自然而然就会挣到更多的钱。

去年我付费加入了一个社群，群主的很多思想让我耳目一新。直到有一次，群主说："别学理财，没用，越理钱越少。"我大为震撼，不知他的结论是怎么得出的。我猜测，过往他学到的理财知识一定只停留在"术"的层面，让他只想赚快钱，最后反而亏了钱。在后来的聊天中，我发现果然如此。在那之后我重新审视了这个社群的价值观，发现虽然群里每天赚钱捷报满天飞，但包括群主的课程在内的许多内容，并没有体现知识本身的重要性；大家都在追求挣快钱的方法，没有人在乎接住财富的"盘子"。

课程结束后，我没有继续关注这个群，理由只有一个：缺少基本理论和逻辑的投资方法，就好像一架搭错墙的梯子，只会把自己导向错误的目的地。

第二，要有把盘子做大的野心。你想做出多大容量的盘子，是几万元、几十万元，还是百万、千万、上亿元？如果你的容量只有几万，就只会想着几万元的生意，盯着几万元的目标，即使侥幸挣到几十万，也会凭实力亏光。因为在潜意识里，你的目标和现实存在不配得感①。

潜意识的力量诡异而强大，很多时候我们都在被它左右却浑然不觉。如果你有驾驶的经历，请回想一下，每当遇到紧急时刻，你的方向盘会往哪个方向转？除非副驾驶坐着你生命中最重要的人，否则迎面过来一辆车时，你的方向盘会下意识往左转，因为只有那样，你才可能避险。这就是潜意识的力量，虽然在转方向盘那一刻，你根本没时间反应，但潜意识已经为你做出了选择。

财富积累也一样，当你的潜意识里存在不配得感时，不管你愿不愿意，财富迟早都会以各种方式溜走。去年我在互联网创业相关领域做了一个小小的天使投资，这位创业者虽然目前没有取得特别显著的成绩，但他敢想敢做，一步步朝着理想目标踏实迈进，在同期的创业者中有着过人的表现，他就是我眼中盘子容量足够大的人。

第三，要有超乎想象的大目标。2022年3月8日，我给自己制定了一个大目标——日更千字理财文章。虽然对于很多厉害的人来说，日更千字小菜一碟，但对我来说，这个目标有着足够的挑战性。毕竟除了这个任务，我还需要准备网课内容，还有社群分享要做。

我的想法是，如果要达到某个目标，就得立一个比它更大的目标，这样原有的目标就显得微不足道了。比如，我的目标是每天读书，而且要保证既要有输入也要有输出。但如果只有这个目

---

① 不配得感是一种低自我价值信念的体现，也是严重自卑的表现，认为自己不能实现更大的目标，认为自己不配取得成功，这种心理会让我们失去很多的可能性。

标，我极有可能偷懒懈怠。但当我树立了这个更大的、"日更千字"的目标后，每天读书这个目标反而显得很轻松就可以实现了。目标向来与困难同在，实现小目标约等于解决小困难，当有更大的困难出现时，绝大部分小困难就不攻自破了。

投资理财时，我也经常问自己："这一生最大的赚钱目标是什么？"每当这时，我眼前就会陆续浮现出大小不同的金额，我把小的数字一个个过滤掉，留下最大的、大到自己不敢相信的金额。紧接着，有意思的现象便出现了，我反复品味着那个数字，想象着在目标实现后，这个数字能给我的人生带来的种种巨大改变。此时再回头看当下的投资决策和存量资金，我的心态会变得更加坚定和稳健。

第四，要增强对金钱的感知。感知不仅仅是知道，也不仅仅是感觉；而是你既要知道，还要有感觉。感知可以让你对事物的概念更加清晰，也可以增强你对一件事的投入程度。如果你能把感知放在实现赚钱目标的过程中，就更加有意义了。有些人之所以肆意消费，与免密支付、刷卡消费、无感支付等不无关系。越来越便捷的支付方式无一不在降低人们对花钱的感知，就连还信用卡也可以直接从银行账户中扣款，所以这些人只看到数字上的改变，直到突然有天捉襟见肘了，才会意识到之前花了太多钱。

你可以从源头上为自己刻意增强感知，也就是从存钱开始。比如，你可以给自己设定一个存钱计划，每周存500元，不通过转账，而是单独设立一个"周周存"账户，每次到了存钱时间，直接把现金取出来，再手动存到"周周存"账户里。这样做虽然稍显麻烦，但你对这件事的感知会更强烈、投入程度也会更高。就像在亲密关系中，付出更多的那一方往往更懂得珍惜这段感情。财富积累亦是如此，只要曾经清晰地体验过存钱的不易，日后就不会随心所欲地消费。

第五，要更新穷富的概念。我认识两位90后伙伴，一位是女生，月薪不到5000元，但酷爱苹果手机，她攒了3个月工资，终于花一万多元买了一部最新型号的苹果手机。另一位是男生，已婚，车房全无，连上厕所的时候都想着怎样才能多赚点钱。女生买了苹果手机后，这位男生对她调侃说："你真是个富婆，像我这种穷人，如果买了这部手机得肉疼1个月。"如果把他的话放在网上，一定能引起很多人的共鸣，认为女生这样做就是虚荣、拜金的表现。但仔细想想，这句话的潜在设定是：在这个世界上，除了富人就是穷人。其实不然，就像黑白之间还有灰色地带，社会的金字塔从贫穷的塔底到富有的塔尖之间也有中等收入者存在（见图5-1）。而**你不穷也不富，只是一个拥有很大选择余地的普通人。**

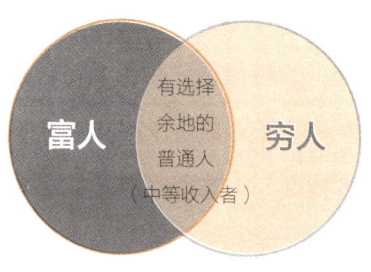

图5-1 要更新穷富的概念

其实穷富是个相对概念，每个人既可以是穷人，也可以是富人，关键看他参照谁。区分穷人与富人，只能让以穷人自居的人感到自卑、沮丧和悲观，对积累财富毫无指导意义。比起穷和富，不如用"普通"这个词。普通人就像游离在黑白之间的灰色地带一样，自由选择的余地很大，也具有充足的成长空间。

首先，将自己定义为普通人，只要用心打拼，我们就能成为生活中的强者，无须为穷富的虚名苦恼。其次，因为普通，我们既可以选择通过努力变成富人，也可以自甘堕落沦为真正的穷人，人生的主动权掌握在我们自己手中。最后，承认普通，我们就不用被穷富的框架桎梏，身心可以获得极大的自由，做事也能放开手脚。

如果你想从普通人晋升为富人，就要弄清楚"富人"这个概念。在大多数人的词典里，"富人"仅指有钱人，致富的方式也只有"用钱赚钱、用钱换取需要的东西"这个维度。事实并非如此。财富的内涵很丰富，钱是财富、时间是财富、健康是财富、良好的人际关系是财富，甚至一张能说会道的嘴也是财富。不仅是金钱，只要能对其他隐形财富善加利用，也可以转化为金钱。比如，讲授沟通课程的老师就是通过把自己良好的沟通能力转化为知识来变现的。

每当我在小区遛娃，有些上了年纪的阿姨就会恭维我说："你是有福气的人呀，这俩孩子就是你最大的财富！年纪轻轻就儿女双全，将来老有所依喽！"我知道他们之所以这么说，是因为观念还比较陈旧。但仔细想想，孩子们确实是我的财富，因为他们代表了希望和创造力，而创造力意味着金钱和精神价值。从这个角度想，阿姨们的话其实很中肯，因为并不是只有金钱才是财富，所有能转化为金钱的都是财富。

大多数刚毕业的大学生都没有多少资产，几乎不可能用钱赚钱。但他们有时间、有知识、有体力，这些都是他们可以转化为金钱的财富。他们可以花时间，通过找工作挣钱；可以凭知识，考一个证书让自己更具竞争优势，提升个人价值；也可以靠体力，送几单外卖跑腿挣钱。

总之，**每个人都有自己的财富，并非彻头彻尾的穷人，而能否晋升为富人，关键看你能不能把这些财富转化为金钱。**比如我拥有的财富是爱读书、爱学习和爱写作，我每天都把他们利用一遍，一边学习理财拿钱赚钱，一边持续写作，输出有价值的内容帮助别人赚钱。这样一来，我就把自己这些隐形的财富转化成了现实的金钱财富。

闲暇时，请你也静下心来盘点一下自己的隐形财富吧，看看哪些能转化成你的金钱财富。

02 致富路上的四种思维

一、可做可不做，一律不做

在我上大学时，女生中间特别流行绣十字绣，我的好几个舍友都买来材料埋头苦绣，或绣山水，或绣花鸟鱼虫，图案都很好看。开始我并没有加入刺绣队伍，觉得没什么用，但看着大家绣出的一幅幅好看图画，自己也有些心痒痒，最终还是买了一个手帕大小的图案开绣。其实在我内心始终有个声音："绣这玩意儿有什么用，浪费时间不说，还累！"但不知怎的，我并没停下来，依然一针一线消磨着宝贵的时光，直到暑假回家还没绣完。爸爸看见后对我说："有这个时间，你还不如学习一点专业课程，这个活儿不上学的人也会干，还用你交学费去做？"我顿时羞愧难当，内心狠狠骂了自己一句："傻瓜！"在这之后，我反思自己的行为，才明白一开始我明明不想做，后来还是做了的原因——懒惰。因为我懒得学习还想有所收获，而当学业上的成绩无从收获时，就找到了这件最没有难度、门槛又低的事来做，试图用做完这件事的成就感骗自己。

很多时候，人们对于该做什么不该做什么，内心其实早有答案，只是不愿意接受、不敢承认现实而已。因为接受现实意味着要走出舒适圈，要去做自己感觉痛苦的事。但我们还是要明白，如果内心认为这件事可做可不做，就代表它在当下并不重要。何必为了不重要的事情浪费时间呢？可做可不做，就一律不要做！

二、可买可不买，一律不买

其实情绪很贵，除了生活必要开支之外，我们一直都在为情绪买单。高兴时，我们约三五好友吃一顿大餐；愤怒时，我们给自己买个名牌包包宣泄一下；忧伤时，我们上网清空购物车缓解心情；嫉妒时，我们高价买件衣服找找平衡……但这些花费能够真正平复我们的情绪吗？也许当时能起点作用，但花钱不计后果引发的焦虑和恐惧，更让人煎熬。

有人告诉你，身为女性，一生必须拥有一件宝石项链，于是你就高价买入，但至今搁置；好友告诉你，女人必须有几个奢侈品名牌包，否则活得太寒碜，你就买了两个，但不实用，也被搁置。如果你能换个方式，把这些钱用来理财，早就赚回好几倍了。所以现在我有个习惯，消费时先让自己静下心来想想，这件商品不买可不可以，如果可以便坚决不买。很多消费都伴有冲动情绪，你要想存下钱，必须始于致富愿景，终于克制情绪。

很多需求都是商家强加于你的，并非你的真实需求，对于商家的套路，我们必须保持理性。比如那句经典的"钻石恒久远，一颗永流传"就完全是商家的圈套。一颗外观和玻璃珠差不多的东西，如何能让爱情忠贞不渝？这不过是垄断商为避免购买钻石的人再度出售钻石，导致钻石价格体系崩溃而精心设计的一套说辞。

如果你看过《血钻》这部电影，就知道非洲部分地区为了从钻石中攫取财富，经历了多么惨绝人寰的内战，伤亡惨重，连小小的幼童都未能幸免。钻石本身并不值钱，外表晶莹剔透的它，唯一的组成元素就是碳；钻石也并不稀有，早在19世纪后期，南非就发现了一座产量几千万克拉的钻石矿。完全是钻石代表的所谓仪式感，才让商家从人们手中收割了巨额财富。如果你没有为钻石买过单，也一定为十几只不同颜色的口红"剁过手"，商家让你闭眼入手时，所用的套路与营销钻石有异曲同工之妙。

三、可投可不投，一律不投

我开始做女性财富导师以来，有个问题被问过很多次："钱老师，这支基金/股票现在该不该投？"我的回答一般是："不投！"其实，我并非认为这支基金/股票不适合投，而是这个提问的人不应该投。因为只要这样提问，就说明这位投资者自己对标的不了解，对于是否应该购买缺少判断，不敢为自己的行为负责，在这种情况下，当然就不该投。

在2016年，我获得了一个很重要的认知——不做伸手党。从那时起，只要能通过自己搜索、自己学习钻研得到的东西，我绝不依赖别人。这个改变帮了我很大的忙，特别是对于一些重大的投资决策，我通过持续不断的学习，有了前所未有的清晰判断，把握住了好几次不错的赚钱机会。投资不是小事，如果自己不去仔细研究做决定，只是听信他人建议，那后续的一系列操作该怎么办？什么时候加仓、什么时候减仓、分期买还是全仓买等问题，我不可能全都请教他人。而任何一步走不对，就会造成投资亏损。这样重大的责任，我唯有自己决定、自己承担，这才是一个成年人应有的态度。所以，当你下次不知道该不该投的时候，你该做的是：暂时不投，学习研判后再做决定。

四、该坚守时，一定坚守

定投和积累虽不是什么新鲜词，但在"挣钱、存钱、用钱生钱"这个领域，依旧非常重要，并且适用于其他泛财富领域。我自己就是一个长期定投的践行者，无论是指数基金还是偏股型基金，甚至是我看好的个股，每逢价格下跌我都会坚定补仓，这样的思维已经伴随我好多年。

这样做有很多好处。首先，我不会在乎一时的涨跌，不论市场如何，我只需坚定执行；其次，长期看市场，总是熊市大于牛市，所以我的总成本总是处于相对低位；最后，只要遇上市场回暖，行情变好，我就能稳稳地实现盈利。也就是说，我把能不能赢的问题，变成了赢多赢少的问题，实现了质的飞跃。

我们常听身边的人说："今年的钱难赚，要小心谨慎呀！"一副深谋远虑、感慨万千的样子。说实话，这样的感慨就是在浪费时间。说这种话的人，只是在下意识为自己的胆怯和懒惰找理由，无论什么时候，赚钱都不容易，这样的话说了等于没说。

> 钱难赚，不是缺少渠道，而是思维错误。

比如，普通的工薪阶层，每月即使挣得不多，但只要有收入，就可以制订合理的理财计划，月月定投理财。假以时日，仍然能获得一笔不小的财富。但很多人坚持不下去，朝三暮四，总是企图找到更好的赚钱方法，结果多年过去依旧没有什么积蓄。这**是因为钱难赚吗？不，是因为太贪，贪大、贪多、贪少劳多得。**

要想赚钱，一定要学会和时间为伴。好酒需要时间酝酿，感情也需要时间经营，财富同样需要与时间为伴，一切都离不开日积月累。很多人忍受不了投资品价格的起起伏伏，选择过早卖出，当价格再度涨回来之后，请看这些人收获了什么？他们收获了焦虑、惊恐、时间的浪费、交易费用的损失，唯独没有收获金钱或者任何有意义的成长。

而那些坚定持有、始终坚持定投的人呢？尽管也经历了价格起伏，但他们没有受到影响，而是一如既往努力工作，不断提升自身价值；用心陪伴家人，亲密关系更加和谐，提升了幸福感；心无旁骛继续学习，认知水平也得到提升。

这两种人同样都经历了价格起伏，却因思维的不同而产生天壤之别。时间是个可怕又可爱的东西，可怕之处在于，它会淡漠一切好的和坏的事物，无论你愿不愿意；可爱之处在于，只要你不急不躁，与它做朋友，把它作为一个杠杆，无论在哪方面，你都会得到该有的回报。**时间对每个人都是公平的，结果不同是由于每个人不同的选择和行为导致的。**

图5-2总结了致富路上的四种思维，可供你参考。

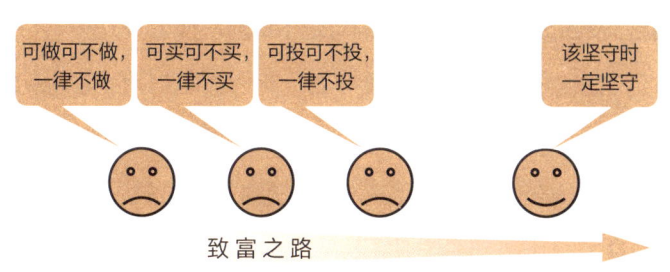

图5-2　致富路上的四种思维

03 三种错误的财富观念

一、杠杆是个好东西，能用就用

阿基米德曾说："给我一个支点，我就能撬动整个地球。"杠杆的价值，也表现在理财方面，最常见的就是人们通过负债，提前使用一笔钱，满足对金钱流动性的需要。比如信用卡、支付宝的花呗与借呗、银行的消费贷款等，这些都属于家庭理财中的杠杆。这些杠杆用好了，可以极大地方便生活，比如信用卡，能让人们在最长50天的免息期间把自己的钱灵活腾挪，用钱赚钱，还能享受积分带来的好处，确实是不错的杠杆工具。

但是，杠杆也是一把双刃剑，有人靠着信用卡和各大金融平台的借款，借了40多万的负债，在月薪仅有3300元的情况下，过着拆东墙、补西墙的日子。你敢想象吗？这是我一位学员的真实经历，他长期使用一家商业银行的信用卡，一段时间后，发卡银行根据资金流水给了他15万元的消费贷款额度，年贷款利率6.5%。他申请贷款后，把这些钱作为本金拿去炒股，认为自己炒股能够取得的年化收益率一定会高于6.5%，一年后把本金还回去，得到的利息再用于投资。结果炒股没多久，他就亏了好多钱，于是他把贷款做成了分期还款，每月需要固定还款5000元左右，但这个数额超过了他的月薪，他便又从花呗、京东白条等地方借款，剜肉补疮，负债越滚越大。

> **杠杆虽好，用不对却会要命。**

二、负债是个坏东西，能不背就不背

善于积累财富的人，都善于使用负债。从他们身上，我总结出一些使用负债的原则。

第一，不用负债去买非必需品。 分期付款去买新款手机这种事，在他们身上从未发生。

第二，信用卡几乎都是到期一次性还款，不会选择分期。 因为他们使用信用卡，是为了追求便利的金钱流动，好把自己的钱省出来买短期理财产品赚取收益。如果信用卡超期或者分期还款，反而要支付利息，就本末倒置了。

第三，平时会维护一两个账户的流水。 账户流水好，就能获得比较高的消费贷款额度，他们就把这部分钱贷出来，做一些能够取得高额固定收益的投资，一年下来能赚不少钱。

第四，不会让自己处于入不敷出的境地。 他们会把每月的还

款金额提前做好规划，保证每个月进账的钱减去投资理财产品固定支出的钱，再减去日常必需消费之后的金额足够偿还负债。

第五，天上掉馅饼的事，他们会仔细求证，不会为了占便宜掉进陷阱。比如，我的一位朋友收到某平台可以零息贷款买手机的信息，他怎么想都觉得不可能有这种好事。虽然他并不需要这项服务，但还是仔细求证了一番，最后发现并非真的无利息，而是平台把利息换了另一种说法，称之为"分期服务费"，分的期数不同，支付的服务费也不同，其本质和分期贷款付息相同。

> 我们不是绝对不要负债，而是要在正确的事情上负债，在可承受范围内负债，用正确的方式负债。
>
> 科学负债，钱才会越用越多。

三、爱花钱，一定是坏事

在这本书中，我们已经看到了很多花钱的负面影响。你可能有了一种感觉，即爱花钱一定不是好事，如果能不买东西就不要买。但事实上，花钱并没有绝对的好坏之分，关键在于你怎么看待花钱这件事。如果这本书只教你如何省钱、如何克制购物的欲望，这样的财富积累方式就太过苛刻了。人天生就有占有物质的本能，花钱或存钱都可以帮你积累财富，但**只有不违背人性的财富积累方法才是好方法，能让人既收获存钱的成就**

感，又享受到购物的愉悦，才是我们理财的目的。

我有一个朋友，她是个既会赚钱又能花钱的女性，尤其爱体验新事物。有次我们聊天，我无意中说起一种键盘，打字时发出的声音很容易让人体会到沉浸式创作的快感，只是价格有点小贵。结果我们的聊天还没结束，她就在网上找到那款键盘下了单。她就是那种典型的花钱不眨眼的人，但她的财务状况并没有因此捉襟见肘，反而是我们群里的"小富婆"。是她自己对金钱的独特态度和方式，让她实现了积累财富和享受生活的目标。

她认为花钱是理所当然的，只要有能力挣到足够的钱，就可以买自己喜欢的东西。但她会为自己制订合理的消费预算，不会过度消费。比如，她计划3个月之后出去旅行，就会提前计算出旅行全程大概需要多少钱，从现在开始就为这笔钱做打算。她会拿出一部分本金，找一个合适的投资渠道，想办法把旅行需要的钱赚到手。她可能会购买一只股票，或者定投一支基金，或者找朋友做一笔贸易。总之，花钱对她来说不是纯粹的消费，而是赚钱的动力和存钱的决心。

通过这种方式，她既能让生活变得丰富多彩，还能让自己处于主动获取财富的状态中。花钱不会让她感到愧疚，存钱也不会让她感到压抑，在我见过的人中，她是把金钱和生活关系处理得最游刃有余的人。

在财富积累的过程中，花钱是其中的脆弱环节，如果我们为了存钱压抑自己的消费欲望，导致最后出现报复性消费，这就更会成为积累财富的绊脚石。然而，如果我们能把花钱转化为赚钱的动力，确保通过理财获得的收益大于支出，就能孕育出财富积累中的抗脆弱能力。

要想培养自己的抗脆弱能力，我这里有两种行之有效的方法，具体如下：

（1）建立"动力赚钱账户"，专门应对日常的大额消费需求。在考虑进行一笔消费之前，先设定一个赚钱目标，目标金额应为支出金额的两倍，并将赚到的钱存到"动力赚钱账户"中。如果最终达成赚钱目标，则可以进行预期的消费，否则不进行消费。

（2）不要将消费后"动力赚钱账户"中剩余的钱用于下次消费，而是将其转到其他储蓄账户中继续打理。如有新的消费需求出现，重新启动"动力赚钱账户"，重复上述步骤，这样就能保证你消费的支出越多，赚到的收入就越多。

会花更会赚，花钱不是罪。

表5-1总结了上述三种错误的财富观念与对应的正确的财富观念，可供你参考。

表5-1　三种错误的财富观念与对应的正确的财富观念

☒杠杆是个好东西，能用就用	☑杠杆虽好，用不对却很要命
☒负债是个坏东西，能不背就不背	☑科学负债，越用钱越多
☒爱花钱，一定是坏事	☑会花更会赚，花钱不是罪

04 你的潜意识，就是你的财富能量

潜意识是人类最直接、不经思考的反应系统，只要不断强化它，它就会被唤醒，调动一切可能的力量帮助你实现愿望。

从2018年开始，我逐渐对原来的职场生存方式感到倦怠，不想再做一个忙得一点章法都没有的职场人。我不止一次在脑海中想象理想中的蓝图，在那幅蓝图里，我有忙有闲、张弛有度，既不会闲到感觉拿薪水可耻，也不会忙到怀疑人生。既能每个月有固定的收入，又能有时间读书、写东西、陪伴孩子。当时间来到2021年时，我的这个愿望基本实现了，虽然和理想相比，在细节上没有那么完美，但在大方向上基本一致。梦想的实现让我感到很庆幸，也很幸福。但我知道是什么让我实现了梦想：当我对理想中的生活状态念念不忘，就会一遍又一遍加深潜意识里的能量，让它在我不知觉的情况下帮我盯梢，只要有一点实现理想的有利条件出现，自己就能第一时间感知

到、识别出、捕捉到，从而及时抓住机会达到理想状态。

驯化潜意识的最好方式是不断重复。就像你刚学会驾驶时，上路遇到紧急情况很容易分不清脚下哪个踏板是油门、哪个踏板是刹车。在后来的驾驶过程中，你就会不断刻意地提醒自己刹车和油门的位置，经过无数次重复后，你无须刻意判断也能轻松分辨刹车和油门。虽然遇到别人提问时你可能会说不清楚，但只要一上脚便能立刻操作自如。这说明你的潜意识已经学会了如何分辨油门与刹车。

明白这个道理后，请你从今天开始，不断把自己的理想在头脑里一遍遍描绘，感受那画面的美好，慢慢地，你也会开启自己实现理想的奇妙之旅，从此不会在负面的事物上浪费时间，状态会越来越好。

财富梦的实现也需要一遍遍预演，这个重复预演的过程就是驯化潜意识的过程，被驯化后的潜意识就能帮你抓住转瞬即逝的机会。

让我们来假设一个场景：朋友给你介绍了一个短期贸易的赚钱机会，来询问你的参与意向。因为你一直以来的梦想就是积累财富，这个梦想在潜意识中一遍遍被预演，赚钱的想法时时刻刻都在脑海中流动，所以在你听到后，会马上思考自己是否可以通过这种渠道赚钱。于是在很短的时间内，被驯化的潜意识就促使你的大脑得出了这个问题的答案：这就是我一直寻找的投资机会，资金占用时间短、收益可观，而且符合国家政策，合作者也靠谱，是个难得的项目，我一定要参与。就这样，你迅速地抓住了这个赚钱的机会。

而如果你的梦想没有经过预演、潜意识没有被驯服，大脑是不会这么果决地做出决定的。它会瞬间产生无数顾虑，让你逐一排除和论证，最终才能做出决定，但往往在这个漫长的过程中，实现梦想的机会早已溜走。所以，如果你真的想做一件事，最好提前在大脑里一遍遍预演，预演实现它的途径和可能遇到的情形，并想出各种应对办法。这样一来，当类似的情况出现时，大脑会立刻帮你做出你想要的决定，不会贻误时机。

我的一位朋友至今为过去四年中的两次错误决定耿耿于怀。一次是在2016年，他所在城市有片学区房开售，每平方米售价不到1万元。他当时觉得价格应该不会再涨了，但由于工作太忙，无暇细想这些事，结果一年之后房价就涨到每平方米1.5万元，他就这样白白错过了千载难逢的赚钱机会。另一次是2017年到2018年间，那时的黄金价格并不高，他曾考虑买一些作为投资，结果依旧是因为工作太忙没有精力研究，最终没有投资。在我看来，他就是没有在大脑里预演财富积累的实现过程，没有给各种情况匹配应对方案，才一次次错失良机。

> 人一生中的很多次机会，都是在犹豫不决中错失的；很多该做的事，往往也都是在思考到底要不要做、怎么做中错过了最佳时机。

人的潜意识不受控制、不会判断、不易被察觉，最喜欢条件反射式的反应。如果我们刻意为潜意识营造一个能量场，慢慢地潜意识就会朝着我们主观意识想要的方向发展，最终达成主观意识和潜意识的统一。人完全有能力为自己制造一个财富能量场，比如在平时的理财过程中，我的很多投资行为其实已经在头脑中演练过无数遍。

我记得最清楚的一次是2019年12月份的某一天，我一个人对着窗户发呆，脑子里想着自己投资实业成功之后的状态。那画面是如此清晰具体，以至于后来当我真正做出一项投资行为时，都感觉当时的画面像在哪里发生过。近几年，我一直在有意识地给自己设置一个财富能量场。在这个场域里，所有听得见、看得见、说得出的元素，全部与财富相关。我给大家讲理财课，是通过语言造场；我写知识星球文章教大家赚钱的很多方法，是通过文字造场；我通过咨询帮助他人解决理财难题，是通过链接造场；我通过展示微信头像这个可视化的招财猫图标，也是在潜移默化地通过视觉效果造场。

卡尔·纽波特在《深度工作》一书中写道："你的世界是你所关注事物的产物。""我们的大脑是依据我们关注的事物来构建世界观的。"

所谓的"念念不忘，必有回响"其实就是通过给大脑制造一个需要关注的情境，让它自动关注信息、不断接近机会、最终实现目标。所以，通过多种方式给大脑营造一个充满财富能量的场域，才是真正的致富秘籍。因为它不仅调动了我们的意念，还调动了身体的所有感官，更激发了潜意识的力量。只有你的主观意识和潜意识形成赚钱的统一意识，才会让你源源不断地获得赚钱的能量、抓住每一次赚钱机会。

05 协调好两组关系，为财富增长助力

一、处理好数量和效率的关系

我有比较严重的腰椎问题和颈椎病，如果去中医诊所做理疗，两个部位都按摩一遍，需要花费400元。为了治疗疾病、缓解疼痛，这些钱不算多。但对于绝大多数三四线城市的普通工薪阶层来说，一天能不能挣到400元还是个问号。矛盾就是这样产生的，挣钱时，一天可能挣不到400元；花钱时，一下子就会花掉400元甚至更多，挣到的钱远远赶不上花掉的钱。而且，我们的收入一般以月为单位获得，但支出却以天为单位发生，挣钱的频率也赶不上消费的频率。所以，存钱难的终极原因其实很简单，就是花的钱比挣的多、比挣的快；那解决办法当然就是让挣的钱比花的多、比花的快。

存款=（挣的－花的）+赚的，其中"赚的"这个数额有多少，要取决于（挣的－花的）是正数还是负号。如果是负数，

你就不会有本金，谈不上拿钱赚钱，"赚的"就无从谈起。要想有存款、让（挣的－花的）是正数，方法只有两个：一是减小括号里的减数，也就是削减消费的数量和速度；二是增大被减数，也就是挣的更多、更快。总之，你一定要从数量和速度两方面同时用力，才能达到存钱更多、更快的目标。比如，你本来的挣钱速度是400元/天，那你就要找到让这个速度变成800元/天的办法；你的花钱速度是400元/天，你就要找到让这个速变成200元/天的办法。

其实，控制消费比增加收入容易一些，你只要把握以下两点：

（1）不轻易为情绪价值付费；

（2）不为非刚需付费。

同时，我在这里为增加收入提供一个思路：可以把人比作一部机器，如果这部机器每天只有A零件在工作，或者只有B零件在工作，或者只有C零件在工作，它和另一部所有零件都在工作的机器相比，哪个生产效率更高呢？一定是后者。

我举这个例子的意思并不是要让你手脚并用地忙碌起来，这是不现实的。而是说，每个人的能力、擅长的技术、拥有的资源，这些都是可以拿来变现的，我们需要做的是，让这些元素完全得到利用，充分发挥出它的价值，并转化成物质财富。

如果你是上班族，每天处理文件，这份工作调用的就是你的业务能力。但你肯定不只有业务能力，也许还有很强的思考力、很好的口语表达能力，或者信息搜索和研判能力等，但这些能力在八小时之内不会被完全运用。你可以在工作时间外充分发挥自己的能力，让这些能力为自己挣钱。

二、处理好短期和长期的关系

某天我收拾办公桌面，发现三个充电器拖着很长的线，懒散地趴在桌子上，我便顺手把它们往桌角一推，转而收拾其他东西。等我都收拾好之后再回头看时，总感觉桌面还是不够利落，忽而发现其实就是那三根充电线造成的。但我在要不要把他们收起来这件事上纠结了好一会儿，因为充电线需要经常用到，如果用一次收拾一次，就会很麻烦。于是我做了个小试验，统计把它们挨个卷起来放在一个固定地方需要花费多少时间。结果发现连一分钟的时间都用不上。这是生活中很小的一件事，但反映出我在思维上存在的一个大问题。

人们经常因为逃避短期的麻烦，宁愿承受长期的痛苦，这是特别不明智的。短期的麻烦不面对、不处理，就会像一条藤蔓，不断长出让人烦恼的枝枝叶叶。但只要你不怕麻烦，把它连根拔起，就会换来永久的安宁。

为了偶尔短暂的一点好处，长期忍受痛苦，也是处理不好短期和长期关系的一种表现，这种情况在情感关系方面最为常见。可能两个人在一起本就不合适、不快乐、矛盾不断，但在相处过程中总有那么几个时刻，能让两人体会到一些快乐。为了这一点快乐，两人没有选择分手，而是选择继续忍受，于是短痛变成了长痛，在以后多年的相处中，双方始终都被痛苦缠绕着。在结婚生子后，面对更多的摩擦，不合适的两个人会更痛苦，等那时再分手，成本远高于谈恋爱时分手。

很多人使用消费贷也是这样的情况，由于自己偿还能力不强，只能分期还款。为了一时的满足，让自己长期处于债务的压力中，而且往往还会为了还款，拆东墙、补西墙，债务越积累越多。究其原因，都是没有处理好短期和长期的关系。

图5-3总结了本节的主要内容，可供你参考。

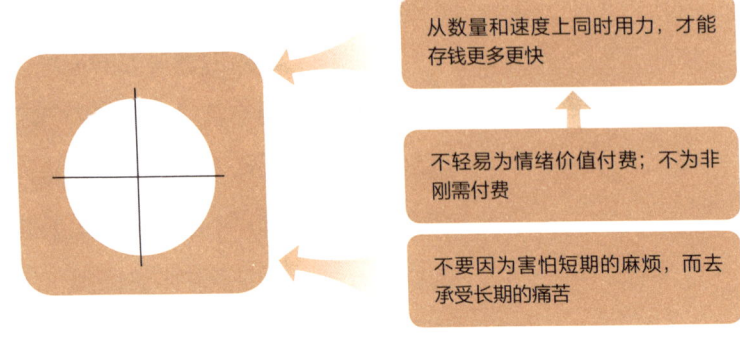

从数量和速度上同时用力，才能存钱更多更快

不轻易为情绪价值付费；不为非刚需付费

不要因为害怕短期的麻烦，而去承受长期的痛苦

图5-3 处理好短期和长期的关系

06 与生命中的不确定性共舞

前一阵，我的一个朋友购买的银行理财产品首次发生了亏损，虽然亏损的金额不大，但也令他足够诧异：一直很安全又稳赢的银行理财，竟然也有赔本的时候。其实对于银行理财产品来说，这样的小额亏损只是开始，但也是大势所趋。如果不保本的银行理财已经让你感到诧异，那存款负利息呢？世界上唯一不变的就是变化，在投资理财的世界里，请你不要执着于追求确定性。面对不确定性，你最应该做的是在业余时间多学一些投资理财技能，只有不断积累投资理财的经验和知识，在面对市场的千变万化时，自己才能应对自如。

比如，当定期存款利息很低时，你就可以买银行理财产品；如果银行理财产品也赔本，你可以选择定投基金；如果定投基金也不盈利，你可以选择短线投资股票赚零花钱；如果股市行情不好，你可以找机会做个小型天使投资；如果找不到好公司做天使投资，你可以观测市场行情，找机会做短线贸易……如果这些方法都行不通，你还可以买一些理财保险。不仅如此，所有理财技能和工具，都可以同时使用，增加赚钱概率。

男性决定一个家庭的生活水准，女性决定一个家庭的生活品质。同样收入的家庭，日子过得千差万别，就是因为理财在其中起了很大的作用。如果你是一家的女主人，会理财绝对是你的加分项。女性是天生的理财专家，心细、不怕烦琐、有耐性、更擅长研究细节、不厌其烦地收集信息、制订精细的消费计划，而男人更倾向于发现好的赚钱机会，这样男女双方就能优势互补。

理财其实就是理生活，会理财的女性更有魅力，爱理财的女性对生活的感知度更强，能够将精力从日常的琐碎小事中解放出来。且不谈她们从中获得的金钱回报，当一个女性能对煤炭价格走势高谈阔论，对区块链投资头头是道，对家庭保险配置条分缕析，她是多么与众不同，散发着智慧的光呀！

我曾经看到一个直播，主播是一位离异独自带娃的宝妈。离婚前，她在外企有一份收入不菲的工作，但婚姻的破裂让她抑郁到无法正常上班，一年后她便选择辞职在家带娃。很多人遇到这种情况都有可能一蹶不振，但她却能走出阴霾，一边直播带货一边投资股票，在过去的一年时间里，她炒股赚了一百多万元。有人问她为什么不回去上班，她幽默地回答说："能做一个股神，为什么要做一个打工人？"

这位主播的故事说明：==认清自己，是面对不确定性的第一步。==

你有没有想过自己的优势在哪里、短板是什么、目前最重要的事情是什么？想清楚这些问题至关重要，否则你不但会糊里糊涂地过完一生，也赚不到本该赚到的钱。比如这位主播，从投资股票年赚一百万可以看出，她的优势是已经有了一套适合自己的炒股心得；短板是需要独自照顾年幼的孩子，无法保证固定的工作时间；而她当前最重要的事，就是在重新建立稳定收入来源的同时，能自由支配时间，不让孩子再失去母亲的陪伴。因为她有积蓄，当务之急并非随便找个工作，而是考虑好要通过什么方式挣钱。综合分析自己的优势和短板，她选择了直播带货和做股票投资：一方面，直播带货赚钱能为自己提供持续的现金流；另一方面，她还能发挥自己的理财能力，利用直播带货赚到的钱进行股票投资，实现了用钱生钱。这两方面结合起来，很好地帮她发挥了优势、避开了短板，既能为她提供强有力的经济支撑，又给她足够的时间陪在孩子身边，正好解决了她的当务之急。你看，==在充满不确定性的时代，只有个人努力，才是最可靠的。==

舍弃确定性，才能拥抱财富自由。对于舍弃，我们一定要看开。因为从生到死，我们一直都在舍弃的路上：舍弃童真和好奇、舍弃亲人和朋友、舍弃幻想和执念……其中，最重要的一种舍弃就是对部分确定性的舍弃。大部分人积累财富都是为了追求财富自由，但也有些人即便拥有很多财富，也依然不自由。这种人始终舍弃不了确定性，只要一天不赚钱，或者赚少了钱，就心里发慌。其实，当你积累了一定的财富后，应该尝试一种自己真正想过的生活，可能按这种方式生活，一开始的赚钱速度并不快，但你的幸福感会大大提升。这样一来，你虽然舍弃了一小部分占有财富的确定性，但收获了身心的自由。

我并不是在鼓励大家"穷开心"，在财富积累的初始阶段，必须克制各种欲望、老老实实付出时间和精力挣钱。而且，尽量不要为财富积累之路增添不确定因素。不确定因素越多，你积累财富的难度越大。比如，对一个有稳定薪资的人来说，在副业的收入还不足以代替主业之前，如果贸然辞职、把副业当作主业去做，最后一定是两手空空。

2020年冬天，我在要不要辞职这件事上纠结了很长时间。当时我已开始了副业创业之路，虽然开始还不到一年时间，但我的兴致很高，总想辞职逼自己铆足劲大干一场。但这个想法一冒出来时，巨大的不安全感立刻笼罩了我。虽然"轰轰烈烈撸起袖子加油干"的壮志豪情让我心潮澎湃，但这份待遇不错且稳定的固定收入也让我难以割舍。

有人说，不给自己留后路，才能把潜力激发到极致，才有可能成功。那段时间，这句话频频出现在我的脑海。我拿不定主意，向很多人寻求建议，结果"辞和不辞"的建议几乎各一半，没人能真正帮我做决定……最终我没有辞职，因为我想通了一件事：在积累财富的路上，不确定因素越多，阻挠就越大。如果在自身实力很弱的情况下，还不断给自己增添不确定性，很有可能没等我赚到钱，就已经倒在了奋斗的路上。此刻如果你也在犹豫要不要辞职创业，我可以给你一点良心建议：在没有八成以上把握时，不要辞职创业。当然，除非你的主业太差，或者你已经积累了足量的财富，或者你是那种抗压能力极大、抗干扰能力极强的人，否则辞职创业对你而言，弊绝对大于利。

一旦失去稳定收入，每天一睁眼就要为去哪里挣钱而焦虑时，你的心态自然会不好。心态不好，很多决策就会出错，甚至会导致金钱的损失，这对你的生活无异于雪上加霜。

如果你是单身，失去稳定收入至少不会影响家庭，但如果你家里还有妻儿老小，对家庭的责任就会让你多了一份压力、多了很多不确定性：孩子辅导班的学费交不起怎么办？老人生病没钱就医怎么办？家人不理解怎么办？经济和精神上的双重压力让你产生严重的自我怀疑怎么办？

很多事情，如果不知道要不要做，就不要做。当你不知该不该辞职创业时，就不要辞职。虽然你可能会被一时的急功近利冲昏头脑，但你的潜意识已经感知到了这样做带来的巨大风险。

换个角度想想，何必非要辞职才能创业呢？**很多人总是把自己逼上"非A即B"的境地，其实我们永远有C方案。**要么辞职创业，要么安安稳稳工作，这其实就是非A即B的选择。其实，你也可以"脚踏两只船"，做到既A又B。比如，你可以把眼前这份工作做个调整，牺牲一部分薪水，换一个自由时间多一点的岗位，用这部分时间做副业。

对于不确定性，不论是被动接受的，还是主观选择的，你都不必恐惧。因为人生是一场"无限游戏"，而财富积累也是一场"无限游戏"。所谓"无限游戏"就是：只要你还留在牌局上，即使暂时损失，也会有翻盘的机会。只要你能这样想，心态就能够放松下来。如果你有投资股票的经验，就能更好地理解这一点。如果把投资股票也看作一场"无限游戏"，它就会变成一件很有意思、很值得期待的事。虽然今天炒股赚了几千元，明天就有可能亏出去，盈亏反复，好像一场空欢喜。但当你有了"无限游戏"这个思维，你就不会因此感到虚无，反而心态会变得更稳。"稳"是赚钱的首要素质，我们的很多错误决策，都是在不稳的状态下做出的——要么是心态不稳，要么是情绪不稳。比如，当你和伴侣吵架时，伤人的语言和过激的行为，都是因为你们的状态不稳产生的。只有当自己的心态和情绪都稳定下来，自己的头脑才能保持清醒，为正确的判断提供依据。

本章最后，我专门为你设置的习题是：你自己的财富认知有哪些？这些认知是否帮助你赚到了钱呢？

第六章
让自我成长加速，
让财富积累起飞

01 用复利思维成长

大家都说自我成长，但你有没有想过，什么样的成长最高效？什么是你赖以成长的基础？

什么是复利？你可以把它理解为，收益随着时间不断滚雪球的能力。爱因斯坦说："复利是世界上第八大奇迹。"了解它的人可以从中获利，不了解它的人将会付出代价。

说到复利，或许你第一时间会想到理财，本息和=本金×(1+利率)^{期数}。决定我们能取得多少回报的有3个因素，即本金、时间和利率。其实，复利思维在自我成长的过程中同样极具指导意义。

在财富积累的过程中，任何一项投资，本金越大，在同样的时间（期数）和利率（增长率）下，获得的回报肯定也越多，举例见表6-1。

表6-1 复利的力量（1）

期数	本金	利率	本息和
3	100,000	5%	115,763
3	200,000	5%	231,525
3	300,000	5%	347,288
3	400,000	5%	463,050
3	500,000	5%	578,813
3	600,000	5%	694,575
3	700,000	5%	810,338
3	800,000	5%	926,100
3	900,000	5%	1,041,863
3	1,000,000	5%	1,157,625

说明：表中数据以三年为期，本金越高，本息和越大。

所以，人们都注重自己的"输血能力"，尽量让本金来源多元化。比如，对上班族来说，收入最稳定的来源一定是工资，第二种来源就是在业余时间兼职取得的收入，还有第三份来源，就是将投资的回报再次用于投资，用钱生钱。除此之外，还有些人通过把自己的时间变成很多来使自己的价值最大化。

在我们的成长过程中，每个人的本金来源也是千差万别的。智商卓越者所向披靡，而智商平平者只能一路披荆斩棘。总有一种学霸，他学3小时胜于普通人学3天；有些人生来就含着金汤匙，也有些人生来看到的是家徒四壁；有些人四肢康健，也有些人出生时就身体残缺。如果把每个人的一生看成是一场马拉松，有的人凭借"结硬寨打呆仗"笑到了最后；有的人因走对几步关键的棋骤然踏上发展的快车道；还有的人有幸遵从本心生活，不但胜在起跑线上，还一路欢歌。

尽管每个人的智商水平、财富水平和身体条件等各不相同，但绝大多数人在一生中都是边拓展边积累，最后把自己活成不一样的烟火。而在这个过程中，凭借的是不屈服的态度。也就是说，良好的人生态度，才是一个人成长过程中最大的财富。

我在一个视频里见到一位双腿安了假肢的美女舞蹈老师。汶川地震时她失去了11个月大的宝宝，被埋在废墟下26个小时，经历了九死一生的她被营救出来后不但失去了双腿，还失去了她的丈夫。

如果一般人碰到上述遭遇，即使身体不死，心也死了。但她反而在灾难后获得了涅槃重生。她不但认识了现在很爱她的丈夫，还生育一双儿女，在"最美断腿舞者"的美誉中继续着她的精彩生活。

本杰明·富兰克林曾说："有些人25岁就死了，只是到75岁才被埋葬。"所以，人在对待自己短暂的几十年光阴时，人生态度何其重要。良好的人生态度不但能让生命保持温度，还能活出厚度，延展相对长度，更重要的是还增添了饱和度。而糟糕的人生态度，即便有再好的生命底色，也会变成自己内心的那句"不过如此"。

在财富积累的过程中，在本金和时间（期数）确定的情况下，利率（增长率）越高，获得的投资回报就越大，举例见表6-2。

表6-2 复利的力量（2）

期数	本金	利率	本息和
3	100,000	3%	106,121
3	100,000	4%	112,486
3	100,000	5%	115,763
3	100,000	6%	119,102
3	100,000	7%	122,504
3	100,000	8%	125,971
3	100,000	10%	133,100
3	100,000	15%	152,088
3	100,000	20%	172,800
3	100,000	25%	195,313

说明：表中数据以三年为期，利率越高，本息和越大。

所以，我们在投资之前要充分发挥自己的主观能动性，竭尽所能找到增长率高的投资标的。

> 在自我成长的过程中，一个人能取得的最高增长率的标的是学习力。不学习，就不知道自己有多无知，更不知道自以为是的样子有多么愚不可及。

你要不断学习，但不是什么都学，而是在某一个领域深度学习，培养一项技能，这个技能不一定是"山登绝顶我为峰"的绝对优势，但一定要有"横看成岭侧成峰"的差异化优势；你还要多思考，善于思考是用最低成本获得心理能量、开阔眼界、升级思维的途径。不会思考的人，认知永远处于洼地，成为阻挠你发展的天花板。

关于学习，很多人从毕业走出校门那一刻就已经输在了起跑线上，因为这些人在大学期间并没有积累任何生存技能。很多人面临毕业即失业，感叹自己的才华不被认可。但事实是，**怀才不遇的概率极小，最大的概率是自己没有掌握社会所需要的技能。**

我做过几次面试官，最大的感触就是企业在招聘应聘者时非常求贤若渴，因为没有一个企业不需要价值创造者。面试官瞪大眼睛、竖起耳朵，生怕落下任何一个有价值的信息，最怕应聘者像墙上芦苇"头重脚轻根底浅"，大学4年毫无积淀，即使是专业课学习，成绩也并不突出。

从现在起，无论你需不需要应聘找工作，你都必须认真对待自己的专业能力（即复利思维中的"本金"），并怀着谦虚的心态，踏踏实实为之奋斗，那是自己安身立命的根本。

每个人都要懂得用结果说话。有个辩论题目叫作"过程和结果哪个重要"。说实话，抛开辩论技巧不谈，我一直认为结果比过程重要。但我不是说如果达不到想要的结果会怎样，而是说结果代表了目标感。当你有了目标感，才能为了达成目标寻找方法，去思考、去创新，这个过程必然会带来自我提升。如果不注重结果，你就会成为一个没有亮点的人，你可能做了很多事，但没有一件能证明自己的价值。

你还需要刻意培养自己的差异化优势。差异化是你能够在众多竞争者中脱颖而出的关键。还拿应聘者举例，其实面试官最怕看到千篇一律的简历。如果想让他人记住并认可自己，一定要有打造差异化竞争力的意识。

别人泛泛而谈，你至少可以举例；大家都过了英语四六级，你至少可以考虑通过考试后，还能用它做什么；你也可以像大家一样喜欢运动，但在应对面试官时应该说："自己在坚持一项运动的过程中收获了很多。"我的闺密在研究生毕业公考时，在面试环节其他人都西装革履，但我闺密却特意穿了一套通勤套裙，那次她上岸了。套裙也许不是关键，但穿套裙的思维却体现了她的差异化竞争意识，而这样的意识也让她在众多竞争者中脱颖而出。

综上所述，很多人的"财富"在大学期间就要开始慢慢积累，大学4年的宝贵学习时间一定要好好利用，不断提高自己的专业能力，刻意培养自己的差异化优势。

学习这条路，一旦选择就会成瘾。它也是治愈很多心理疾病的良药，你的内心会因学习而丰盈，因学习而强大。而且，一个人的学习力也会影响他的赚钱速度。评价学习力有一个很重要的指标，就是捕捉有效信息和运用信息的能力。

我记得在某只股票21元的时候，我将消息发到群里让大家关注。有些人很认真地关注了，也即时买入了，当涨到24元时，这些人已经赚到了很多钱。但有些人只是观望，并没有研究和学习，觉得那时买任何股票都会赔钱，于是索性不碰。

其实这个想法没问题，不懂就不碰。但矛盾的地方就在于，这些人还很想赚快钱，经常私信我股票打新的事儿，我告诉了他们一些具体的操作方法，但他们操作了几天都没成功便抱怨说："其他社群都会教如何提高中签率的方法，你为什么不教呢？"我一时真的语塞了。

首先，入群时，群里教什么不教什么都写得很清楚，没读就进群，造成预期没满足，这是第一次损失；其次，我平时发的基金和股票信息，都是经过我反复筛选和研究过的，如果用心跟进，一定能取得收益；选择无视，当然只能看别人赚钱；最后，每次微课和大课，关于"长期的重要性""理财就是理自己"等观念，我一直在反复灌输，但有的人就是听不进去，认为听这些赚不到钱，可是不听他就会赔钱。

学习力实在太重要了。我开始无差别地学习股票知识时，在社群里认识了一位做股票的高手，我每天一字不落地看他在群里推送的股价走势分析，地毯式翻阅他的朋友圈和公众号，把一切自认为有价值的信息都详细做了笔记。股票软件里的很多功能，就是在那时学会的。还有很多股票知识直到现在我还在用。为此，我还买了好多关于股票、财报、基金的书籍，只要有时间就学。那时还没有这么普及的网课，学习形式也比较单一。但我有很强的赚钱欲望，知道这些知识不一定能用来赚钱，但不知道肯定会赔钱。

很多人对赚钱的浮躁态度，不仅表现在想一夜暴富，还表现在不愿通过自己的刻苦努力修炼基本功。其实，比起职场的角逐、生活的内卷，能踏踏实实地学习一些理财知识，然后运用这些知识去市场上赚钱才是正道，才是真正通往物质和精神双重自由的坦途。只不过人们宁愿接受外界的种种桎梏，被他人左右，也不愿依靠自己的努力，实现真正的财务自由。

　　在财富积累的过程中，在本金和利率（增长率）确定的情况下，时间（期数）越长，投资回报越大，举例见表6-3。

表6-3　复利的力量（3）

期数	本金	利率	本息和
1	100,000	5%	10,500
2	100,000	5%	110,250
3	100,000	5%	115,763
4	100,000	5%	121,551
5	100,000	5%	127,628
6	100,000	5%	134,010
7	100,000	5%	140,710
8	100,000	5%	147,746
9	100,000	5%	155,133
10	100,000	5%	162,889

说明：本金和利率确定，时间越长，本息和越大。

　　因此，我们还要正确看待时间效应，做一个坚定的长期主义者，耐得住性子，忍得住寂寞，不能急功近利。比如在操作定投时，如果你每天、每周或者每个月都能投进去一些钱，在短期内肯定不可能获得很大的收益，势必要经过一个相对长期的过程，等到一轮牛市，才能迎来财富增长的高光时刻。

而自我成长中的时间要怎么利用呢？以前人们总说"这世界上除了一天24小时，没有什么是真正公平的"。但真相是，时间才是最不公平的，虽然每天的绝对时长一样，但对于那些能够提高时间颗粒度的人，他们的时间相对更长。比如，在同样的身体条件下，那些勤于科学锻炼、无不良饮食嗜好的人，大概率寿命会更长。卡耐基还说过一句话："今天太宝贵，不应该为酸苦的忧虑和辛涩的悔恨所销蚀。把下巴抬高，使思想焕发出光彩，像春阳下跳跃的山泉。抓住今天，它不再回来。"

　　我喜欢带孩子玩儿这样一个游戏。游戏很简单，从一个入口进去，里边一片漆黑，伸手不见五指，途中会经历一些小波折，比如会有布满海洋球的小坑、挂一些条状塑料棒的帘子，还有横亘在面前的墙壁，你需要用手摸，同时用身体感知着前进，眼睛几乎不起作用。周围都是一起参与游戏的人，他们会用各种道具和行为影响你的情绪和判断，当这一切经历过后，突然眼前一亮，豁然开朗，你已经走到了出口。

　　很多玩过这个游戏的人走出来后都会和同伴大声分享自己刚才的恐惧和无助，也有人吹嘘自己有多么勇往直前。但谁都知道，在当时那种情形下，没有任何恐惧一定是假的，只是程度不同罢了。有的人中途坚持不住想折返回去，但回去的路同样漆黑一片，退回去当然可以，但也失去了游戏特有的体验与乐趣；停在中途大声喊叫或哭诉也不是办法，不但出不去，还会阻挡其他参与者的路；那些完整经历过游戏的人，值得拿出来好好说道说道的，我觉得只有一点，那就是"坚持往前走，最后通往光明"。哪怕中途真的害怕想退缩，哪怕前方漆黑一片，既然当初决定参与，就要把游戏进行到底。只要一直往前走，终会走到出口。

很多事情和这个游戏是一个道理，当你觉得自己在至暗时刻、完全没有指望、想放弃的时候，恰恰是最该坚守的时刻，因为那是拯救自己的唯一出路，唯有坚定向前，才是正途。生活中有很多事情都与等待相关，等待自己长大、等待自食其力、等待取得投资回报、等待升职加薪，或者等待一轮上涨行情的到来。其实，人与人最大的差距就在于能不能等待，善不善于等待。有时，等待是有效利用时间的最高境界。

我说一个自己在投资中等待的案例吧。2016年，我在股市低点的时候，买入了海康威视和分众传媒这两只股票（此处没有任何推荐的意思），本来是奔着抄底去的，只是没想到股市一直不温不火，始终没有迎来自己的盈利预期。但我很看好这两只股票的基本面，于是索性放在那里等待上涨，很长一段时间都没有再关注。直到有一天突然想起，再去看时，两只股票已经默默涨了很多，海康威视几乎翻倍，这时已经到了2018年。这里我并非倡导大家买进股票后都放着不管，等待上涨。事实上，对于股票操作而言，一直持有等待上涨是需要考虑很多条件的。我想说的是，等待对于很多事情而言，都具有非凡的重要意义，时间往往会给那些有耐心的人以额外的奖赏。

02 请你坚信：你本富有

天生我才必有用。古人在很久之前就知道，每个人与生俱来的一些禀赋和品质是取之不尽的宝藏。关键在于怎么发掘，如何放大它们的价值，如思考力等。人生有很多重要问题，凭的都是有备而来。

某天，同事中一位老大哥忧心忡忡地和我说："赶紧把你的律师证用起来吧，银行已经是夕阳行业，不是你们这些年轻人应该来的地方，你们应该去更有发展的地方。"当时我脑补了一下自己拿着律师证找律所实习，然后再去接案子，在法庭上和对方辩护律师据理力争的场景，那幅画面看起来是那么不真实。

不是律师这个职业本身有问题，而是成年人最大的悲哀在于已年近半百还要被动择业。如果我到了50岁还要被动择业，只能说明一个问题：自己在过去的工作经历中，从一开始就没有做出正确的选择，不然也不会那么多年过去了，自己还没有掌握这一行业的核心竞争力而被动择业。现在问题来了，既然之前没能掌握核心竞争力，人生的后半段凭什么就能掌握呢？因为心智还是当初那个水平的心智，时间与年轻时期的自己相比反而更不充裕。也就是说，自己的条件其实是越来越差了。

所以，**人生的很多重要问题，凭的都是有备而来。** 入职前，你必须认真思考自己想要从事什么样的工作，眼前的工作是生存所需的过渡，还是一辈子想深耕的职业。当你入职后，你的每一次选择，不论是因为目标变化下进行的职业微调，还是基于长期考虑做出的战略规划，自己心里都要做到有数，这个叫"有备"。如果你并未在这些事上认真思考过，并提前做准备，当遇到中年危机，难免就会遭遇被动择业，这是痛苦且令人绝望的。

人生中的很多存量，经营好就会价值连城。不知从何时开始，一本好书我会反复读好多遍，一部好电影我也会重复看好多遍。因为我知道，即使是学过的知识，如果不反复温习，时间久了也会遗忘。而且，很多新学习的知识，自己并不能完全领略它的作用与意义，往往需要经历过一些事情后才能了解那些知识具有的价值。**增量固然重要，但经营好存量同样重要。**

在投资理财领域，挣钱针对的是增量，赚钱针对的是存量。通过挣钱你能保证现金流源源不断，但如果不懂得好好管理已有的钱，自己挣来的钱迟早也会败光。

努力打造个人品牌的伙伴们，想的最多的是如何破圈，如何找新流量，但我认识好几位个人品牌做得不错的朋友，发现他们的流量其实并不多，每篇公众号文章的阅读量不到几百人，营收也能实现一年几百万。他们既不做直播，也不做短视频，却将很多时间用在了线下，非常注重存量客户的经营，很多新客户都是通过老客户推荐来的，口口相传，虽然增速不快，但客户定位很精准，而且很容易成交大单。

我认识一位做副业很成功的宝妈，她并没有太多精力见客户，也没有太多时间运营自媒体平台，但她非常重视经营微信朋友圈，很多人阅览她的朋友圈后根本就停不下来，她把大量碎片时间用在了私信聊天上，很多营收也是来自客户的复购。在本质上，她的赚钱逻辑也是经营好存量。

很多人的惯性思维是开拓、扩大、增加，哪怕针对物质消费，也是不断地买买买，并且尽量买新的。这样一来，浪费了钱不说，还浪费了旧物的使用价值。其实，管理好已有的，运用好存量，依然能创造很大的价值。这个思路也可以用在生活的其他方面。我们经常忽视眼前拥有的一切，选择追求远方的、不确定的、甚至是虚无缥缈的东西，就像狗熊掰玉米那样。

拥有健康时，自己不以为然，随意挥霍，加班熬夜，不锻炼、不保养。直到突然某天身体垮了，自己才意识到一副健康的身体才是最大的财富。

事业也是如此。很多人频繁跳槽、换岗位，以为通过这种方式能提升自己的薪资。其实未必，跳槽不是不可以，正所谓"树挪死，人挪活"，如果某个地方确实不利于自身发展，便有必要换。但是，如果把跳槽当作提高薪资的手段就不可取了。不论在哪个行业，让自己有所积淀才是正途，积淀意味着人际关系资源、业务精进、职场经验、心性历练，等等。这些无论在你人生的哪个阶段，都是弥足珍贵的财富。稻盛和夫在《活法》一书中，将这些提炼到"每日精进"的范畴，可见存量思维的高妙。

最后说下"珍惜眼前人"。有句话很吸睛，因为它足够美好，"海底月是天上月，眼前人是心上人"。但更多时候，人们没有这样的好运气，海底月是天上月，但眼前人并非心上人，于是人们不断寻找。其实还有一句话似乎被人们忽略了："你是谁就会遇见谁。"可见，人们更应该注重自己的修为。

我最近经常能看到"沉浸式阅读""沉浸式写作""沉浸式回家"等内容。当一个人进入"沉浸"的状态时，就能达到心流，整个人与所做之事就会融为一体，在做事的同时，还能享受精神乐趣。这种感觉，我经常会在写作时找到。当我全身心写作时，仿佛能够看到一个个文字从指缝里像精灵一样跳出来，自己的想法被迅速捕捉并呈现在屏幕上时，我的精神也得到极大的满足。

不过，这种沉浸的状态，也只占人们做事过程的一小部分，绝大部分人做事常常心不在焉，手里做着一件事，心里却想着另一件事。为什么会出现这种情况呢？主要是因为你手上正在做的事，并非是自己最喜欢做的事情。即使你在诸多事情中忙到不可开交，但脑海中始终有那件最喜欢的事没有落地，它就像绷在你脑海中的一根弹簧绳一样，时不时跳出来提醒你："嗨，伙计，我都在这儿等你半天了，什么时候轮到我？"你不明白一个事实：优先级排在首位的，应该是重要但不紧急的事，而不是那些许许多多看起来既重要又紧急的事。

因为那些重要但不紧急的事，往往有一个特点，做成它并不容易，需要更多的耐心和更大的勇气。比如，学习Excel的表格公式是重要但不紧急的事，每天所做的报表数据整理是重要且紧急的事。如果学你会了Excel的表格公式，整理报表数据会事半功倍。但学习Excel的表格公式显然比整理报表数据更难，也更耗费自己的精力。

任何领域在任何时候都有重要但并不紧急的事，不紧急意味着你可以一个月完成，或一年完成，又或一辈子完成，但你完成得越晚，忍受完不成带来的烦恼的时间就越长。如果你一辈子完不成，就会一辈子忍受被鸡毛蒜皮的琐事带来的烦恼。你深知这个道理，深知完不成它的严重后果，所以你在做其他事时会心不在焉，但就是犯懒，明明知道却不去做。

知易行难！最重要的事，永远只有一件，无论在哪个领域。

一天中最重要的那件事，是能让你心安理得地做其他事，是做完能让其他事减少、工作效率大幅提升的那件；在一个年龄段中最重要的事，是能让自己的生存状态得到极大提升的那件；在经营亲密关系过程中，最重要的事是先做好自己，能让自己变得更优秀的那件；在个人成长中最重要的事，是你通过持续投入时间能够在日后产生巨大复利效应的那件；在育儿领域中最重要的事，是从小帮助孩子养成诸多好习惯，做事有耐性、有韧性。类似的你还可以罗列很多，这件事需要你认真思考，仔细琢磨。如反脆弱力，做到凡事都能为己所用，你就赢了。

人生"不如意事常八九"，如果这些不如意事，事事成为耽误人们前进、阻碍人们做事的羁绊，这些人大概率也很难成事。但这对你却是个好消息，因为"这些人"数量真不少，如果你能把这些不如意事做到尽善尽美并为己所用，你就是那厉害的少数人。这样一来，你的一生只有两种事，与己无关的事和对己有用的事。与己无关的事，你可以直接忽略。对己有用的事，你要将其转化成自己的动力、创造力、生命力。

比如，当你持仓的几只股票几个小时之内由红转绿，亏了好多钱，这就是你遇到的不如意事。大多数人遇到这种事情瞬间会情绪低落，当天计划完成的任务也没心思再继续下去，紧接着开始抱怨、愤怒，总想找个地方宣泄一番。这时你应该赶紧分析股票线图，如果不值得持有观望，就要及时卖出止损，而且借此机会，你还要对当初的选股择时、趋势分析做全面的复盘，总结亏损原因，并把它记录下来，形成下次行动的经验。你不仅认真研究了股市的资金流动方向，还了解了哪些板块会成为新热点，分析自己该不该投资。经过对这番操作进行思考，你把本来不如意的事，转化成对自己有意义、有价值的事，做到了为己所用。长期下来，想不变强都难。

其实任何事情都是一样的。虽然我们也会遇到一些令自己非常沮丧之事，短时间缓和情绪确实有难度，这时你需要一定的时间让自己冷静和疗伤，但千万别深陷其中太长时间，否则只会让情况变得更糟。无论发生什么，别忘问自己一句："这件事对我有哪些价值？"即使遇到一些不如意的事情阻碍了你前进的步伐，你也要从这些事情中找到对自己的启发，做到为己所用。也就是说，**强者的思维不是逆来顺受，而是逆来我用。**

还有固执，**不要为你性格中的固执而自卑，或许它是你成事的底色。**

有一次我和朋友一起吃饭，朋友给大家讲了一个发生在自己身上的事情。他是位年轻有为的企业家，他的公司成立时间并不长，在财务管理这块儿业务上有很大的发展空间。他聘请了一位财务管理方面的专业人员担任公司财务部门的负责人，希望能提升公司的财务管理业务水平。但是还不到一年时间，他便决定辞退对方。因为这位财务高管的执行力不强，团队中即使那些性格绵软的员工都不听他的指挥。朋友给他的评价是："在财务知识方面，他确实很专业。但在管理上的贯彻执行能力太差。"刚发布一个制度，自己首先摇摆不定，朝令夕改，下属怎么能信服？

真正能成事的人，骨子里都有固执的一面。固执本来不是一个褒义词，但如果真的想做成一件事，缺少固执这个底色，是非常不利的。无论做什么事情，过程都不可能一帆风顺，自己如果没有一股子犟劲儿，很容易中途放弃。如果事事都是这样浅尝辄止，不敢迎难而上，必将一事无成。

固执背后还隐含着对所做之事的坚定信念。因为相信，甚至笃信能成，所以才会义无反顾，才会拼尽全力。**你若努力，全世界都会为你让路。很多事情到最后，拼的只是谁敢执意推开那扇虚掩的门。**

我特别喜欢看一部老剧叫《士兵突击》，那里有很多个性鲜明的人物，我会一边看剧一边对照自己，很多事情会豁然开朗。比如许三多那么近乎愚钝的人，最后却能进入老A，成为一名优秀的士兵，最重要一点就是他有一个较真的性格。有一幕是这样的：钢七连解散了，仅留下许三多和连长两个人，许三多在清扫连里的卫生，而连长高城几乎气得崩溃，说他就是自己的地狱。固执的人有时确实让人窒息，甚至恨得牙痒痒，但固执的人也有可爱的一面。在一次对抗演练中，许三多为了给好友成才报仇，死死抱住对手袁朗不松手，即使手被对方踩烂了也不松手，直到最后生擒了袁朗。袁朗对许三多的连长高城说："我有点冤。"论实力，他高出许三多许多倍，只是因为轻敌才让自己在阴沟里翻了船。这就是固执的力量，很多时候，当傲慢遇到固执，最后失败的往往是前者。

固执还意味着勇于担当，即使最后发现自己错了，被千夫所指，自己也勇于承担。若非如此，前怕狼后怕虎，尤其害怕惹人摊事，这样的人永远不可能取得成功。但固执并非一意孤行、刚愎自用，听不进建议，不懂得调整。固执是向自己的目标前进，调整是在前进过程中所做的各种修正。固执的着力点在于坚定地推动事物不断向前发展，不管过程如何修正，修正完仍然不放弃继续前进，这才是固执的最佳运用。

时至今日，当我遇到挫折时，我非常感谢自己骨子里那股倔强劲儿，它给了我巨大勇气千方百计去寻找解决办法，否则，在自己最心灰意冷的时候，恐怕早已放弃挣扎。后来我每次回想起来，都不免要感谢当初自己那股固执的力量，是它让我达成所愿，让我拥有了现在想要的一切。

03 减少内耗，拥抱财富

要想实现财富积累，保持一个好状态很重要，其关键是要减少内耗，因为内耗会让你的肉体能量和精神能量双双下降。如何减少内耗，是每个人都应该狠狠修炼的一门功课。下面我为你提供几个解决内耗的法宝。

第一，降低期待、减少依赖。无论是期待还是依赖，都是在向外求，目标能否实现，取决于他人是否配合。但每个人都有自己的想法、有自己看重的东西，很难把他人追求的目标放在第一位去配合。如果每个人都能做到事事配合他人，人际关系中的矛盾就会消失90%；正是因为大家都不愿配合他人，才会要求他人反过来配合自己。一旦你开始要求他人配合自己，试图控制、苛责、改造对方，你们之间就会不断产生矛盾。最终求而不得，只会心生煎熬，而自己的精神能量也会在这种煎熬中被不断消耗。

能量是守恒的，如果你把太多能量用在别人身上，就没有能量用于自身的成长。更可怕的是，一旦你这样做，就会陷入能量不足的恶性循环。你要明白，能解决自己问题的人永远是自己，让自己变优秀，才是解决一切问题的关键。而要想提升自己，最好的办法就是对他人降低期待、减少依赖，从而聚焦自身成长。这也是独立的另一层含义。

一说到独立，人们主要想到经济独立，其实精神独立同样重要。精神独立并不意味着自我封闭、不与人往来，也不是指完全对他人绝望。而是把注意力放在自身，向内求，理解和从容接受外界的不支持、不配合、不给予等一切拒绝的态度。

一旦你对他人降低预期，就能对他人的给予心怀感恩，认为任何给予都是意外之喜，就能时常感受到欣喜。降低预期和依赖最难的点，在于摆正自己的心态。如果你的心态没有摆正，当他人没能给予你所需的全部帮助时，你就会感到失望甚至绝望，觉得这个世界原来那么不美好，连最亲近的人都不能依靠。但每个人首先都得成为他们自己，然后才能成为你信赖的伙伴。如果你总想着改造他人、让他人始终按照自己的意愿做事，这个人也就因为你失去了自我。**一个失去自我的人，也不可能会成为值得你信赖的伙伴。**

对于你来说同样如此，**如果你总是活得很累，一定是背负了别人强加于你的东西。**请你远离那些总是让自己感觉很挫败的人，远离总是要求你做这做那、却对自己要求很随意的人。

这些人就像一个能量黑洞，你做得越多，他想从你那里得到的就越多，直到把你的能量耗尽。

第二，向外学习，向内提升。为什么很多人活得很纠结、很焦虑，感觉每天都不轻松，实实在在的成果却没几个？因为**他们用心太多，用脑太少。**

用心太多的意思是，把太多时间用在体察自己内心的喜怒哀乐上，用在很多明明是鸡毛蒜皮、但被自己小题大做的事情上。用脑太少的意思是，很少思考自己和厉害的人有哪些差距、如何缩小差距。

几年前，我就是典型的用心太多、用脑太少的人，那时我的状态并不好，虽然我很努力，也有进步，但时常被各种担心和焦虑包围，一件小事就能让我的内心波动很长时间，完全没法安心做事。而且我越是这样，烦恼好像越爱找我，我每天都被大大小小的问题消耗着自己的精神能量。现在回想起来，我不禁为那些浪费掉的时间扼腕叹息。

我听过一个很有意思也很有哲理的说法——一个人在游泳的时候怎么能够不掉下去？很多人回答说"在原地使劲踩水"，但真正管用的是往前游，只有一直游动才能保持平衡。人生也是如此，当你找到了一个可以不断努力的方向时，反而更容易平衡。如果你总揪着自己偶尔的一点小情绪不放、为很多事烦恼，就相当于在原地使劲踩水。虽然你很累，但既不能保持平衡，也没有任何进展。

很多情绪是因为闲，很多焦虑是出于弱。如果你懂得向优秀的人学习，听他们讲述自己的经历和人生经验，多关注他们的思维方式、行事逻辑、克服困难的办法，从中汲取对自己有用的东西，以提升自己的认知，就相当于朝着一个明确的方向持续往前游。这样一来，你既能使人生不失衡，又挤掉了纠结内耗的时间。随着你的眼界越来越开阔、阅历越来越丰富，知道更多厉害的人是怎么想、怎么做的，你头脑中那些人的概念和想法，自然会产生化学反应，逐渐形成自己的思维方式。

所以，当你身边有优秀的人，请尽可能向他学习；如果没有可学习的对象，就请你多读书。每本书都承载着作者的思想精华，阅读就相当于间接和他们对话。

第三，亲密关系是否能成为你的财富，取决于你对待它的方式。这部分内容我是特别写给女性朋友的。人生中最重要的财富之一就是良好的亲密关系，而在亲密关系中，婚姻关系占了很大的分量。正因如此，无法与伴侣和谐相处是很多人精神内耗的根源。

女性对婚姻关系的感知更锐利，这与性别本身的特征，和传统婚姻关系中女性担负的角色复杂度有关。女性更敏感，担负的责任更烦琐，因此她们总能发现方方面面的问题和不如意。

有个玩笑说，"男人们怎么做都是错的，连老婆的病都是自己气出来的，而女人唯一的错，就是嫁错了男人"。虽然这只是玩笑，但反映了这样一个事实：对女性而言，结婚的对象是否合适，构成了婚姻状况的基本面，这决定了日后在婚姻关系中遇到的问题是致命硬伤，还是可调和的轻伤。找到了合适的结婚对象固然好，但也要想办法应对不合适的情况。下面是我对你处理婚姻关系的建议：

（1）在婚前，请理性判断对方到底靠不靠谱。比如，看对方是否愿意把最稀有的资源给你。他缺钱，却愿意为你花钱；他没时间，却愿意抽时间陪你，这都能说明你对他很重要。又比如，看对方最常接触的几个朋友的品行如何。物以类聚，人以群分，如果他的朋友们都尊重你，也可以说明他对你的真实态度。再比如，观察对方在小事上的行为习惯。你们一起吃饭，他如果把筷子伸到很远的盘子里、自顾自地吃，从来不为你夹菜，就说明他很自我；你们一起出去玩儿，他买一瓶水，如果没有顺便给你也买一瓶，说明他并没有那么在意你，等等。细节之处见人性，人们在大事上容易伪装，在小事上才容易露马脚；一时伪装容易，时时伪装却很难。

（2）在婚后，请少抱怨、少指责，尽力让在一起的每天都快乐、安宁。这并不是说你们之间不可以有矛盾，而是要在矛盾发生时，多看看对方的优点、想想相处时的美好。每个人都是一个有棱有角的多边形，两个人要想在一起走得长远、走得平坦，最好把棱角磨掉，变成圆形。只是，你最好把关注点放在磨平自己的棱角上，而不是去磨平对方。否则，在这段关系中，双方都只会感觉伤痛，而感受不到来自对方的温暖。

（3）如果你想离婚却离不了，请把对方当作普通朋友就好。据说每对夫妻在婚姻存续期间，都至少产生过一次离婚的念头。有的夫妻只是一时斗气，冷静后便重归于好了；有的夫妻，婚姻关系已经形同虚设，只是迫于其他原因没有离婚。如果你的婚姻状况已经是后一种，此时关键是止损。掏心挖肺的情感付出、没深没浅的金钱付出、源源不断的时间付出请就此停止吧，把注意力转移到自己身上来，全方位提升自己才是正确选择。此外，把对方当成普通朋友，可以免去许多无谓的烦恼——普通朋友不帮你做家务，你生气吗？不生气。普通朋友不和你沟通，你生气吗？不生气。普通朋友挣钱不给你，你生气吗？也不生气。所以，选错另一半不是最重要的，真正重要的是如何选择之后的相处方式。

04 远离负能量，财富自然来

一、要想变有钱，首先不抱怨

你的关注点在哪里，哪里就更容易出成绩；当你沉迷于抱怨时，抱怨就更容易对你产生巨大的负面作用。抱怨就像一把钩子，会把你拖入万劫不复的深渊，让你再也没有精力和心思关注其他的事情，你深陷其中，原地打转，活得痛苦又穷困。

"穷"的本质是绝望，是没有发展空间和时间、没有可利用的资源。如果你经常抱怨，这些将统统来到你身边。没有良好的人际关系、没有好的心情、没有发现美好的眼睛，这样全方位无死角的"穷"，比没钱的"贫"更可怕。

抱怨，意味着你不将任何错误归因于自己，把造成所有不良后果的责任都推卸给他人和外界，这是个人成长的大忌；还意味着，你目前的糟糕状态虽然有迹可循，却无力改变；更意味着，你看不到生活积极向上、阳光美好的一面，而这恰好是能使一个人坚强、乐观、勇敢的精神力量。

刚参加工作时，科室领导经常安排我写一些文字材料，在周末加班写材料也是常有的事。那时我还没有孩子，老公也不在身边，空余时间比较多。即便如此，我依然抱怨写材料乏味、占用我太多时间，几乎在抱怨中度过了好几年的时光。后来回望，恰恰是那段写材料的时间，成了我职场上安身立命的第一个支点，而我却用最坏的心态对待这份大礼。

佛教中有"口业"一说，口吐善言，就是造善业、积累善缘；总说恶语，就是造恶业、感召逆缘。同声相应，同气相求，能量相似的事物是会互相吸引的。一个人心里有什么，就会更多地遇到什么；眼里有什么，就会更多地看到什么。如果一个人整天牢骚满腹，怨天尤人，就说明他所处的境遇很差，或者总是遭遇各种失败。人人都有慕强心理，而抱怨者所树立的绝不是强者形象，试问谁愿与一个失败者结交、共事呢？

其实抱怨只是表象，有抱怨的意识，才有抱怨的行为。要想根治抱怨，最好的方法是干脆把抱怨这个词，从你的人生词典里删除，连抱怨的想法都不要有。

二、身边全是负能量的人怎么办

这个问题是一位女学员提出的，那天她苦恼地和我说，自己学理财、写公众号被家人当作异类，说她太不安分、做事异想天开、找不到自己的位置。特别是她老公，看她研究理财，讥讽她说："你要能理好财，天底下早没有穷人了，安心守好家当好妈得了！"女学员特别郁闷，感觉自己活在一个黑洞里，独自展开薄薄的羽翼向上飞，下面却有无数双手，想拉她下来。

我对她说："远离那些让自己感觉很弱、很差、不值得拥有美好事物的人，那些人拥有根深蒂固的穷人思维，又懒得改变，还见不得别人比自己努力。他们也知道，你这样做会让自己变好，而你变好了，就惊扰了他们保持懒惰的自恰状态，所以只有阻止你向上走、把你拉低到和他们一个水平线上，他们才心安。"

思想的贫瘠比物质的贫困糟糕一万倍。如果你周围也有这样的人，对待他们最好的办法，是专注自己认为对的事，不要去争辩，也不要证明什么。在无法证明你所做的事正确且有意义之前，任何争辩都是徒劳、都是精力消耗、都会阻挠你成事。要想改变别人对你的看法，最好的办法是用结果说话。

不仅如此，你还要做到中立地面对他人的质疑和打击，不贬损对方，更不评判他们的对错。对一切消极的人和事，最明智的办法是忽视他们的存在。如果你对他们采取打击报复，你就和他们一样了。消极的人和事，就像沼泽地，如果你不幸陷入其中，越挣扎反而陷得越深。正确的办法是保持冷静、坚守信念，集中精力谋出路。这个过程需要勇气，需要坚持自己的想法，需要与众人为敌的信念，更需要翻天覆地的勇气。

很多人害怕自己的坚持不能得到理想的结果，反而遭人耻笑自不量力。但财富永远青睐勇敢的人，如果你不能笃定这一点，只需看看那些否定你的人，他们的生活状态好不好。如果不好，就说明他们的做法和想法是错的，才导致了他们现在的境况。

现在你已知道，眼前的活法100%是你不想要的，何不大胆追求还有50%可能带来好结果的事呢？你要找到和你同频的人，去和他们相处。只要周围都充满积极向上的能量，你就不用怀疑自己的选择。

自古英雄惜英雄，富人更愿意与富人相处，这也是他们变成富人的原因。**想成为什么人，就要和什么人为伍**。就像一个人要想去某个地方，一定要向去过那个地方的人询问路径，你永远不可能从没去过那里的人口中得到正确方向。

如果你现在并未拥有太多财富、成为真正意义上的富人，从现在开始，请先扮演一个富人，保持用富人的视角看问题、用富人的思维考虑问题。很多事就是这样，**扮演久了，就成真了**。

三、总有一天，你要学会选择性记忆

前天，你的一个老同学的孩子过生日，邀请你参加，生日宴会上，阔别多年的故交旧友欢聚一堂，谈天说地、欢声笑语，吃完饭大家又相约去K歌、打球，你还见到了当初的小闺密，你们一起回忆当年的趣事、糗事、幸福事，嘻嘻哈哈笑到腮帮子发酸，大家无比开心地度过了一天。

昨天，你和好朋友一起带着孩子去露营，由于考虑不周全，夜晚睡在又潮湿蚊虫又多的帐篷中，丝毫体验不到电影里那样的露营乐趣。半夜起了大风，帐篷被风吹得不停地摇摆，你吓得要命，生怕帐篷突然坍塌，就这样忐忑不安地结束了第一次的露营体验。

今天，你为装修的事，一口气跑完十几家建材门市，把瓷砖、电器、板材等统统看了一遍，所有建材的颜色和款式也大体选完了。本以为自己的选择会得到家人的认可，没想到你的眼光和老公不一致，为此你们起了纷争，还吵了一小架，为此你很伤神。

我们在生活中的每一天都有这样那样的事发生，大的，小的，开心的，伤心的，惊涛骇浪的，平淡如水的。可无论如何，无论发生了什么，这些你都不会再经历一次了，已成为永恒的过去。除了体验过、哭过、笑过、闹过，你什么都留不住。昨天就像一场沙画表演，不停地被抹去旧画面，画上新图景。我们只能被时间裹挟着，不停地往前走，被动地奔赴生命的终点。

昨天已不可能重来，只能留下回忆，以及回忆带来的感悟，它会影响我们选择如何度过今天、如何描绘今天的图景。而正是这样的一幅幅图景，组成了我们每个人的一生。我们唯一能做的事就是把握好今天。为此你要对抗自己的记忆偏好，自己的记忆喜欢留下那些不美好的、让人痛苦的印象，而你偏要选择忘掉它们，挑选美好的、友善的、积极的印象保留。保留得越久越好，越多越好。最好让它们充满你的大脑，让自己建立一套充满正能量的认知系统。

虽然现实生活充满鸡毛蒜皮，不可能天天快乐无忧。但我们可以让今天过得积极一点、正能量一点、比昨天优秀一点。这就等于积累了无数个充满生命能量的日子，它会反过来指引我们通往更有希望的未来，形成一个良性循环。快乐也是一天，不快乐也是一天，既然这样，不如快乐地度过每一天。

最怕的是，昨天已经过去了，你还用力活在过去，越是痛苦的记忆，你越是反反复复让它在脑海中出现，不断加强印象。这些印象会让你对前途感到畏惧、对未来充满担忧、对某个人越来越失望、对生活越来越焦虑。时间久了，你便再也无法拥有幸福感和力量感，活成了一个郁郁寡欢、十分情绪化的人。

既然时间推着我们一直向前，我们就要顺势而为，既往不咎，活成一条奔流不息的江河——虽然泥沙俱下，依旧一往无前。最终你会发现，尽管两岸猿声不曾停歇，但你的一叶小小轻舟早已驶过万重高山。

四、你可以不快乐，但不可以悲观

很多人混淆了快乐和乐观，以为看起来总是很快乐的人，就是乐观的人。其实不然。快乐是一种状态，乐观则是一种态度。快乐是单一的，乐观则是包含快乐、不快乐、中间状态的一种复合体。**快乐只是对自己所喜欢事物的单纯体验，而乐观则包含了对生活的睿智和成熟的心态。**

人不必每天都快乐，也做不到每天都快乐。周边的事物每时每刻都在变化，人的心境也在每时每刻发生着改变，或快乐、或悲伤、或欣喜、或烦乱，然而人必须学会乐观。生命仅有一次，珍惜它的最好方式，就是拥有创造力、幸福力和成长力，而乐观的心态是培养这三种力量的"土壤"。

乐观的人，总是从容接纳一切，无论是让他们开心的还是不开心的事，都能将其化解成自己的生命营养，将其吸收之后继续野蛮生长。他们懂得，即使是最悲伤的情绪，也有它的价值。

比如，最悲伤的事莫过于亲人的离去。但长期陷入悲伤中不能自拔，显然不是办法。生命只是一段经历，无论如何，它终将走向消亡，这才是人生的本质。如果你能理解这一点，就会更加坚强和积极起来；你也会真正明白，每一天都值得好好过，无论什么事都不值得你浪费时间，就像《飘》中的那句话："明天又是新的一天。"你看，这就是一个乐观的人在坏情绪中汲取到的能量，而这与快乐完全是两码事。

那些追求快乐表象的人，或多或少都有刻意为之的心机。他们不惜借助外力，比如看一部电影、喝一场大酒、约三五好友出去疯玩儿。可越是这样，他们的快乐越需要依赖这些外在事物获得，一旦脱离这些场景，多巴胺立刻停止分泌，他们的快乐也会随之消失。所以，依靠外力获得的东西，很难长久。

致力于培养乐观心态的人，会生出内在动力，他们所依靠的是对事物客观、中正的理解。虽然他们也会遭遇失败，但他们知道失败很正常，只有不断尝试和始终怀有必胜的信念，才是生命的大道；他们也不畏惧失败。因此他们总能心怀希望。

图6-1总结了快乐与乐观的不同之处，可供你参考。

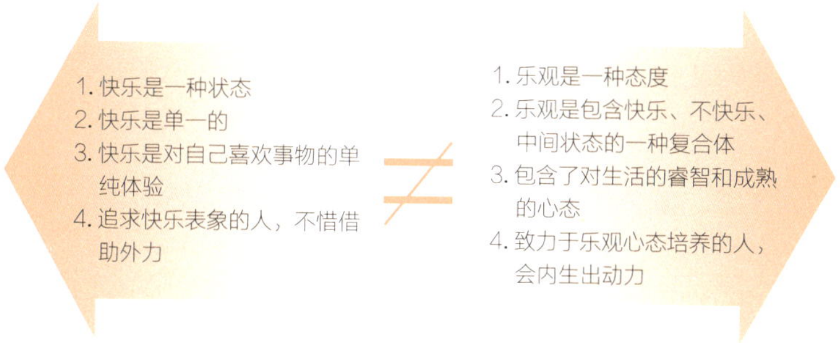

1. 快乐是一种状态
2. 快乐是单一的
3. 快乐是对自己喜欢事物的单纯体验
4. 追求快乐表象的人，不惜借助外力

≠

1. 乐观是一种态度
2. 乐观是包含快乐、不快乐、中间状态的一种复合体
3. 包含了对生活的睿智和成熟的心态
4. 致力于乐观心态培养的人，会内生出动力

图6-1 快乐与乐观的不同之处

> 追求乐观的人，宁愿享受奋斗之后的快乐、自律后的愉悦这种来自内啡肽作用下产生的美好感觉，如规律性的运动产生的愉悦感。这种乐观带来的情绪价值是自给自足、取之不竭的。

请一定要记住，乐观是你最大的精神财富之一。

最后，我有三个自己常年使用、有助于习得乐观心态的方法分享给你，希望对你有帮助：

第一，**跟同事有一杯酒的交情**。事实上，你和同事每天有8个小时的相处时间，早已超过你每天和伴侣的相处时间。所以，你应该学会对同事释放友好信号，如一句贴心的问候、一句走心的赞美、一个实用的小礼物等。

第二，**去表达爱**。对父母、孩子、爱人、朋友，不要放过任何一个可以表达爱的机会，哪怕是告诉他们曾经给你的某个感动瞬间让你很受用，借这个机会对他们说一声我爱你，并给他们一个拥抱。

第三，**多传递正能量**。要坚信，你向外传达的温暖和力量，宇宙最终都会以同样的方式，加倍还给你。

05 财富是做出来的，不是问出来的

小时候，老师上课总鼓励大家提问，而我一直是不爱提问的那个。并不是因为老师教的知识我都学会了，而是我也曾试过只要听不懂就提问，可问完后发现，我的问题依然没有彻底得到解决。如果想解决，我可能得一直问下去，于是我选择自己先思考，实在有个别想不明白的地方再求教老师。结果往往是，当我能沉下心来自己探索时，问题都能得以解决。

现在，我依旧不喜欢提问题。更何况在互联网这么发达的情况下，很多问题用搜索引擎就能帮助解决。很多人所谓的"问"，不过是"懒"的遮羞布。问了，就能得到现成的答案，省心省力；问了，也代表自己探索了、努力了，问题能否得到解决似乎不再需要自己负责；问了，就可以不求甚解，有了答案就能心安理得。可事实是，真正能用于解决问题的答案，从来都不是问出来的，而是做出来的。这就好比你问爱人

一万遍："你爱我吗？"对方也回答了一万遍："爱。"但那只是气流运动伴随着两片嘴唇相互碰撞产生的一段声波而已，除了提供一点短暂的情绪价值之外毫无用处。但你需要的"爱"是对方踏实的陪伴，以及面对各种挑战时的风雨同舟，对方只有这么做了，你才能真正确定对方是爱你的。

近几年，我身边寻找个人品牌定位的人特别多，大家都在问：我的天赋在哪儿？用户的刚需在哪儿？我的价值能够体现在哪儿？但我想说，你得先做起来，先审视一下已有的、能做的、对大家有用的，不管做什么，做着做着你就会有了感觉、有了方向。也许最终你也没有找到合适的个人品牌定位，但在这个过程中，你也能收获其他更有价值的东西。

我在寻找个人品牌定位上走的弯路不算多，因为理财是我的老本行，而且我自己也喜欢琢磨理财，因此我从一开始就确定了大方向。即便如此，在理财这个宽泛的领域，我在做事过程中始终不断细化和调整方向，通过尝试分享、写课程、做社群等各种活动逐渐明晰事业方向。通过亲身实践，我知道了自己更擅长什么、大众更需要什么样的理财知识。

不仅如此，因为一直保持写作，我发现自己的兴趣所在其实就是写作。如果没有经过长期的输出，我很可能一辈子都不会发现这个近在咫尺的爱好。如果你现在只有二十多岁，可能很难理解人到中年时，找到一个能够让自己坚定去完成的事业有多么重要！这也是自己面对风雨时能够让你依然保持从容的基石。而这一点，必须是在亲身实践的过程中才能获得的。

在成年人的世界里，我们应该把向内求作为每一次探索和成长的原动力。当与他人闹矛盾时，多从自身找毛病；当遇到棘手的事，先让自己想办法解决；如果想学习一项技能，就默默付出精力，而不是四处求教他人。或许你担心这样做会降低做事效率、错过好的方法技巧。但我想说，先这样做吧，一旦你做到了，就会发现那些担心压根就是庸人自扰。

本章最后，我专门为你设置的习题是：请讲讲你的成长故事。

第七章
运营好你的社交资源

01 重视你的社交资产

　　在银行，"高净值人群"是以某一个资金积累数额为划分标准的。比如在建设银行，拥有600万元金融资产的客户是私人银行客户，能够享受不一样的理财待遇。之所以这个标准是600万元，而不是200万元、300万元，除了绝对资金数量给银行带来的价值利益因素，还有一个隐性因素值得关注：一个人或者一个家庭的财富积累如果在500万元以下，基本可以凭借一己之力得来；但要想积累到更高水平的财富，比如600万元，仅凭单打独斗很难实现，在这个过程中必然需要不同程度地借助人脉、资源等外在因素。所以私人银行的客户标准，不仅看重个人本身的努力程度，更看重个人潜在能量为银行带来的后续价值。这其实也为我们提供了一个思路：从财富积累的一开始，就要两条腿走路，一边持之以恒地付出努力，让自身变强，赚取人生第一桶金；一边刻意积累人脉，多和厉害的人学习，多向靠谱的人靠拢，用自身的优势为别人提供力所能及的价值，成为一个对大家有用的人，从而争取到好的合作机会。只有这样，你自己奋斗得来的第一桶金才有用武之地，才能踏上财富积累的快车道。

> 虽然社交能力很重要，但当你和上一圈层的差距过大时，也不必强行融入，保持观察就好。

2020年夏天，我去上海参加一个聚会，会上有位做微商特别厉害的同学说："和我一样做微商的，很多人已年入千万，而我年入百万后一直无法再突破，似乎已经到了天花板，感觉年入百万真是一种耻辱！"她的话让在场的很多人自惭形秽，因为他们连年入百万都没达到。她触手可碰的天花板，是很多人望尘莫及的天际。

做任何事情，当自驱力不足时，你就要借助外力，赚钱也一样。

赚钱的自驱力，不仅指主观上的努力勤奋，还有眼界和思维。 努力和勤奋，只需鞭策自己；但眼界和思维，常常需要借助外力，因为一个人的视野里总会有盲区。借助外力的方式不一定是由他人直接提供支持，也可以是观察别人怎么赚钱、能赚多少钱、赚钱之余还会做哪些事情。

很多人认为一定要和富人交朋友，这样才能获得信息渠道和资源，却忘了一个事实：如果自己不是富人，很难和富人成

为朋友，因为自己对富人没有价值，也没有合作的基础；即便与富人交往，但双方考虑和讨论的事不在同一个频道上，也很难维系关系。于是很多人不愿给富人当陪衬，便又走向另一个极端，干脆远离富人圈，完全不去接触。其实，在这两个极端之间，还有一个过渡带，就是观察富人，模仿富人的做事方式，学习富人的思维。

要想观察、模仿、学习富人，你可以找一个有利于提升赚钱速度的高级圈层，近距离学习。比如关注一个很会赚钱的人的公众号、视频号、知识星球等，尽管你和对方并不认识，但他输出的内容里，一定有你需要的赚钱知识。你只需将学到的知识和经验拿到市场实践验证，并且不断总结经验，直到这些知识和经验内化成为你自己的一套打法，你就可以利用它去大赚特赚了。

我有很多优秀的朋友，他们都是经营人际关系、管理自己社交资产的高手。他们为人真诚靠谱、踏实周到、善于学习、勤于思考，和他们在一起，无论工作还是休闲，总能让人感到特别舒服开心。其实一开始他们也没有太多原始积累，都是依

靠自己对社交资产的经营，实现了财务自由。

　　我的前同事L姐出身农村，小时候家里连买书的钱都没有，她的课外阅读只有糊在墙上的旧报纸。而现在她是一家商业银行的小领导，一路凭借自己的奋斗逆转了自己的人生。早先她也从普通的银行网点起步，只是一名普通的柜员，但每年的保险销售业绩都能做到独领风骚，客户到网点买保险只找她。起初我也很好奇，不知她到底有什么魔法，后来我们成了朋友，在交往中才发现，她几乎把社交管理融入到了自己的血液里，人脉经营就是她的日常，大到外部人际关系，小到家庭成员关系，她都处理得无比妥帖。

　　比如，有次L姐去送资料，到达目的地后只需停留几分钟就可返程，但目的地在一个新开发区，返程很难打到车。L姐从公司出发，坐上出租车就和司机师傅聊起天来，十几分钟路程结束后，司机师傅主动提出等L姐几分钟，办完事后还坐他的车原路返回，并且不用为等车时间加价。巧的是，司机就住在L姐工作的银行网点附近，有次去办理业务又碰到L姐，L姐送给他5岁的女儿一套绘本，作为上次搭车一事的感谢。结果司机师傅拿了绘本后，顺便在L姐那里买了一份儿童重疾险。这一系列的事情在他人看来像是偶然，其实却是环环相扣。你可以说L姐善于营销，但她的努力远不止于此。比如，她眼中好像只有别人的优点，永远会站在他人角度考虑问题，从她嘴里听不到任何抱怨和责备。而她对自己的管理，甚至苛刻到表情。

　　财富积累的方式分为两种：一种只需和自己相处。比如，你研究和投资股票，只要把自己的情绪和心态管控好，确立自己的交易策略并且坚定执行，就能在股市赚到钱。在这个过程中你无须和谁处好关系，也无须谁的配合，所支配的完全是自己的金融资产。只不过你的金融资产需要有存量，否则投资理财便无从谈起，这对很多起步较低的人来说难以实现。另外一种是通过和别人相处，管理好自己的社交资产。这种方式对个人的金融资产存量没有要求，只要你愿意经营自己和他人的关系，甚至可以白手起家。被后人称为"民企教父"的沈万三，最初被抓壮丁去修河堤，他在危机之时救助了家财万贯的刘员外，结果收到他的赠财，人生从此发生巨大转折。

　　"成功者的大脑永远不会休息，而且不会放过任何有用的信息，这是一个人能否成功的关键。"如果你从此明白了管理社交资产的重要性，就应该把这句话当作你为人处事的准则之一，并持续践行下去。

02 社交的三个重点和一个真相

一、第一个重点：你要成为什么样的人

很多人年轻时交友广泛，即使与不同频的人也能在一起喝酒、聊天、逛街，觉得只要有人陪伴就行，并不在意与对方的三观合不合，也不计较对方是损友还是良师益友。但随着年龄增长，每个人承担的角色越来越多元，时间越来越不够用，自然而然就要削减无效的社交。而留下的有效社交，必然能够提供以下三种价值：

（1）**能够提供资源和人脉**。比如，在机关企事业单位工作的领导、教师等，在你需要帮忙时，这些朋友能为你提供各种资源和人脉。

（2）**具有某种专业技能**。比如，医生、律师等从事某一具体专业领域的工作者，当你碰到相关方面的问题时，这些朋友的建议和帮助能让你少踩坑、少走弯路。

（3）**能够提供情绪价值。**比如，你最亲近的朋友，你有任何困难和苦楚都能向他倾诉，只要和他在一起，你总能感到开心快乐。

如果你的社交圈里浓缩到只剩下这些人，你一定会过上更为高效的人生。

也许你觉得这样太现实、太过功利主义。但我想说，生活本来就是现实的，也是功利十足的，当有限的时间与人们承担的大量社会责任、家庭责任、自身责任冲突时，功利性的社交几乎是必然的，这也是成年人的规则。但更重要的是：你要明白自己的社交价值在哪里？你应该从哪些方面塑造自己？如何让自己变成一个对他人有价值的人？

我的朋友中，很多是同时具备以上三种社交价值的人。他们事业有成，是人际关系网络中的关键连接点，当我遇到问题总能第一时间想到他们，他们也总能提出靠谱的解决办法。而且，越是这样的人，为人越谦和，谈吐越得体，和他们在一起，有如沐春风之感。他们就像上学时班级里的优等生，德智体各方面均衡发展，让你不禁感叹他们就是天才。

其实，**所谓天才，绝大部分都是刻意练习的结果。**他们和普通人的区别在于，在不为外人所见的时间里，分别都在干什么。是在培养专业技能、积累资源、提高情商方面不懈努力，还是在社交短视频平台上打发时间。

要想打造更高的社交价值，你除了要让自己变成一个有价值的人，更要懂得与他人分享并持之以恒。

我见过很多人，他们拥有一些社会资源，也掌握了一些专业技能，但只为自己、从不为人，他们最终都付出了应有的代价。我的一位朋友是儿科大夫，他医术精湛、能力超群，但从不为他人着想，比如每次与别人吃饭都选离自己家近的餐厅，而且从不主动买单。他把自己活成了一个粗糙的利己主义者，从不分享自己的价值，久而久之就没有任何朋友愿意和他交往了。任何付出都是双向的，没有人会拒绝一个高社交价值的优等生，也没有人会喜欢一个只索取、不付出的人。

二、第二个重点：如何与贵人拉近距离

每个人的发展在关键时刻都离不开贵人扶持，所谓"听君一席话，胜读十年书"，有时贵人的一句提点，胜过自己苦想十年。

大部分人的苦恼是，如何增加遇到贵人的概率，如何与贵人拉近距离，如何让贵人愿意帮自己一把。这也是你在社交资产管理中，最值得花心思的部分。其实，**在互联网发达的今天，遇到贵人并不难，难的是如何与贵人拉近距离**。这里有我亲身经历的两个案例，供你参考。

我的微信朋友圈有位和我只有过一次交集的女生，那次她作为助理，需要和我对接一些业务，事情办完后，我们就没有来往了。可是从某天开始，我发现她每天都会浏览我的朋友

圈，开始是点赞，后来会评论，直到今天还在关注我在朋友圈上的动态。我偶尔也会和她聊两句，并且彻底记住了她。虽然除了投资理财，在其他方面我可能也为她提供不了什么帮助，但我对自己说，如果某天她有求于我，只要在我的能力范围内，我一定会帮她。因为每次在朋友圈点赞评论，都是我们之间能量的传递，她持续为我输出能量，我就应当回馈能量给她。在社交学中，有"三现"的概念：出现、表现、供现，经过这"三现"，社交双方就能达成社交目的。在我与她的交往中，"出现"是她在我的微信好友列表里；"表现"是她在我的微信朋友圈里点赞、评论；"供现"是我希望为她提供帮助。看到这里，你是不是也应该去给自己微信朋友圈里的牛人点赞呢？

我从2020年开始，逢年过节都会给一位老师发199元的红包，从未中断。我这样做不仅因为他曾经在我最迷茫的时候帮助过我，更重要的一个原因是我想和他保持联系。他的时间很宝贵，对外咨询价格为每小时30万元，基本不在媒体上露面，但业绩惊人。我通过这样细水长流保持联系的方式，让老师记住了我，每当我向他提问时，他总会抽时间用最简洁、有效的思路帮我指点迷津。对于他来说，那些小小的红包或许并没有多大价值，但持续发红包的这个行为向老师传达了一个信息：你在我心中是很重要的人。试想，谁会拒绝一个持续给你发红包的人呢？

> 与人相处的道理不外乎一点：你把他放心上，他也会在心里留一个位置给你。道理很容易明白，但人们总是犯懒，也不专心，所以很难成事。

有人说，人年轻时赚钱靠体力和时间，中年时赚钱凭经验和资源。但如果年轻时不懂得经营人际关系，中年时哪来的社交资源呢。所以一个人要想取得世俗意义上的成功，必须重视社交资源的积累，而且越早明白这个道理受益越多。俞敏洪在读大学时并不出众，在同学中甚至像只丑小鸭，但在大学四年里，他包揽了宿舍里全部的打水、打扫卫生任务，他的社交资产从这时就已经开始积累了。所以当他成立新东方、寻找合伙人的时候，他的同学们说："俞敏洪，我们来就是冲着你过去为我们打了4年水。"有人愿意和你合作，就意味着会为你提供金钱、精力、智力成果，而这些无疑是非常宝贵的资源和财富。

如果在校园里没有进行社交资源的积累，进入职场后也是一个好机会。虽然刚离开校园时，你可能并没有多少资源，但有心人一定会让自己成为有价值的、受欢迎的人。比如你可以通过幽默表达和耐心倾听为别人提供情绪价值，修得好人缘；也可以学习多种技能、多帮助他人，成为被大家需要的人，也有助于你积累社交资源。一旦你成为"人缘+人脉"的代言人，恭喜你，已经收获了人生的第一桶社交资产。

读到这儿，请你暂停一下，拿出一张纸，写出自己具有的独特价值，盘点一下自己有哪些社交资产。

三、第三个重点：珍惜自己的社交时间

以前我的朋友很多，那时我最引以为豪的，是任何时候都能呼朋唤友，但后来，我的朋友越来越少，一个巴掌就能数完。随着年龄的增长，我发现时间变得越来越宝贵，一周过得像一天一样快，再不把有限的时间用在刀刃上、与厉害的人进行有效社交，就是对自己的人生不负责。所以我的交友标准越来越苛刻，同样，我对自己的要求也变得越来越苛刻，因为只有自己优秀才能交到优秀的朋友。以下是我总结的十项交友原则：

（1）不成长的人，不交；

（2）懒惰又抱怨的人，不交；

（3）只索取不回报的人，不交；

（4）爱八卦的人，不交；

（5）太抠门的人，不交；

（6）借钱不还的人，不交；

（7）利益至上的人，不交；

（8）言而无信的人，不交；

（9）浑身负能量的人，不交；

（10）做过两次及以上不道德事情的人，不交。

这些原则都出自我的个人喜好，但并非满足上述原则任何一条的人都不可交，因为有时人们触犯这些原则并不是出于主观意愿，我也能从情感上理解。但对于触犯最后一条标准的人，我无论如何也不愿与之交往。因为不道德的事做得多了，一个人的道德标准就会堕落下去，会让他做出更坏的事情来。

这种人并非完全不知道什么事情该做、什么事情不该做，即使是一贯偷奸耍滑的人也愿意和真诚老实的人交往，因为他清楚地知道做好事的人会让自己受益，但他自己却不愿意成为这样的好人。他根本不尊重自己、不爱自己，而一个连自己都不尊重、不爱惜的人，也一定不会尊重、爱惜别人。所以，如果你身边有这样的人，一定要与他保持距离。

社交价值是每个人在财富积累的过程中最不容忽视的一部分。毫不夸张地说，**与什么样的人为伍，能够决定你的财富积累速度和幸福体验指数。**所以，你选择与什么样的人交往，是一个特别重要的命题。

图7-1总结了社交的三个重点中的核心内容，可供你参考。

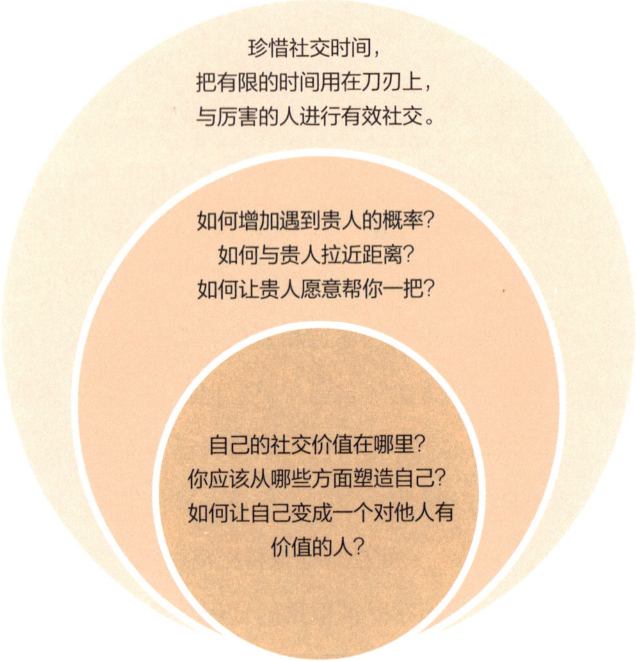

珍惜社交时间，
把有限的时间用在刀刃上，
与厉害的人进行有效社交。

如何增加遇到贵人的概率？
如何与贵人拉近距离？
如何让贵人愿意帮你一把？

自己的社交价值在哪里？
你应该从哪些方面塑造自己？
如何让自己变成一个对他人有
价值的人？

图7-1　社交的三个重点中的核心内容

四、一个真相：有效社交的本质是价值交换

你有没有想过一个问题：人和人能在一起共事的核心黏合点是什么？所谓"核心黏合点"，是指双方出于何种利益关系黏合在一起。这种利益不一定是金钱，也可能是陪伴，或者是情感，但成年人的世界一定是以利益为中心的。

只有你有能力、有资源、可以提供情绪价值，才会被别人需要。

举例说明道理，大家都能明白，然而在现实生活中，很多人正在把自己一步步打造成对他人毫无用处的人。这种人唯恐自己多付出一点精力，尽最大可能让自己少做事、多享受。我曾经所在的部门有一位年轻的女同事，每当分配业务，她便开始掂量哪个业务更轻松好做。如果分配给她的任务不是她想做的，就会直接拒绝。结果可想而知，不仅年底的评优评先没她的份，升迁调动的名额也轮不到她，她只能一直待在那个部门做基层员工。

被人需要是幸福的，因为被需要就意味着被期待、被接纳和合作机会。**弱国无外交，弱者无社交**。弱者的社交也大多无效，因为对方不需要弱者，觉得和弱者交往就是浪费时间。其实很多事，从商业和经济角度看就简单多了——有效社交的本质就是价值交换。

有次在小区停车场，我的孩子开车门不小心把隔壁的奔驰车磕掉了一块漆。我从物业那里要到了对方的电话向对方车主表达了自己的歉意，并表示愿意承担修理的一切费用。对方感受到我的真诚态度，并没有和我争吵，事情说清楚后便挂了电话。这件事能处理得如此简单，不仅是因为我们都有保险，而是我能主动联系他，说明我是一个可靠、不会耍赖的人。你看，只要能及时道歉和沟通，很多问题都能迎刃而解。如今的社交规则越来越简单、直接，**你的人品和价值就是社交中最好用的通行证**。你的人品好，便能降低无谓的沟通成本；你对他人有价值，自然会吸引需要的人来找你。

　　既然这样，我们应该把时间和注意力用在哪里呢？

　　我的回答是：用在提升自我价值上，让自己成为对他人、对社会有用的人。这就是有效社交、积累社交资产的底层逻辑，其余的都是方法论层面的问题。

03 人际关系中的舍与得

　　我上大学时，有一次室友过生日，我买了她喜欢的巧克力蛋糕。本打算叫隔壁宿舍的姐妹一起过来分享，但室友决定我俩先吃，剩下的再给别人，我只好尊重寿星的意见。我俩吃过后，蛋糕的形状已七零八落，上面的水果也所剩无几，但室友还是整理了一下，送到隔壁宿舍去了。我感到十分尴尬，没好意思一起去送，室友却说："先把自己照顾好再考虑别人，天经地义，谁不是以自我为中心往外画圈，根据他人与自己的亲疏程度行事呢？"

　　但我至今认为，花钱是有讲究的，尤其是给别人花的钱。有的钱确定就是花给自己的，比如为自己买书，买课，报健身班；有的钱看似花给别人，实际也是给自己，这种钱不但要花得到位，还要花得有诚意。比如，送好朋友礼物时，应该送对方喜欢的，而不是自己看中的；请客吃饭要点对方喜欢的菜，而不是只点自己喜欢的菜，想让别人记住自己的人情。给别人花钱如果没有格局，就不会得到好的结果，不仅得不到他人的认可，还会背上各种负面标签。

这就是人际关系经营中的舍与得，舍得付出自己拥有的，才能得到他人给予的；舍得真诚为他人着想，他人心中才会装着你。我上面所举的例子只说明了物质方面的舍得哲学，而良好的人际关系经营，还需要更多维度上的舍得智慧。

请看下面这则小故事。

一把坚实的大锁挂在铁门上，一根铁棍费了九牛二虎之力还是无法将它打开，这时钥匙来了，它瘦小的身子钻进锁孔，只轻轻一转，大锁就轻轻打开了。铁棍奇怪地问："为什么我费了那么大的力气也打不开，而你却轻而易举地把它打开了呢？"钥匙说："我更了解它的心。"

了解对方的内心所想，是经营人际关系的关键，你也可以叫它"投其所好"。如果你真想赢得一段关系，必须放下从前错误的行事逻辑，这样才能拨开云雾见月明。

这里有两个小场景，请你细细体会。

第一个场景是钱钟书先生在《围城》中对借书的描述："男人肯买糖、衣料、化妆品，送给女人，而对于书只肯借给她，不买了送给她，女人也不要他送。这是什么道理？借了要还的，一借一还，一本书可以做两次接触的借口，而且不着痕迹，这也是男女恋爱的必然步骤。借书，问题就大了。"

小小的借书，创造了一借一还两次接触的机会，也为一对陌生男女缔造亲密关系制造了可能。这其中的道理在于，一方刻意"麻烦"另一方，让他帮一个小忙。很多人际关系就是这样"麻烦"出来的，你"麻烦"别人一次，就在那个人的心里刷一次存在感。一来二去，他的心里也就有了你的位置，你们之间的关系便建立起来了。

富兰克林曾说："曾经帮过你一次忙的人会比那些你帮助过的人更愿意再帮你一次忙。"我们很多人从小接受的教育是"不要轻易麻烦别人""总麻烦别人是不体面的""自己的事情自己做"，但是再强大的人也不可能完全无须他人的帮助。如果一个人真的活成了孤岛一般的存在，那他也一定不是真正的强者。所以，适当的求助既是人生的常态，也是人际关系的催化剂。而对于那些固有的错误观念，在适当的场景下就要舍弃掉。

第二个场景发生在我家。我的爱人常年在外地工作，孩子们和他难免生疏，对此，他的解决办法是，每次回家都带孩子出去买各种他们喜欢的零食和玩具，以此增进和孩子们的关系。这招很奏效，孩子们总是很快就和他亲近了。

我一度担心这样的方式会让他们之间的关系变得太物质，可事实证明我的这种担心完全是多余的，孩子们不但能接纳爸爸，还很愿意和他打成一片，进行很多亲子互动。

日本僧人空海法师说过："人有欲望才会充满活力。我想去某处、做某事、吃某物、成为某人，内心不断想着某种具体的'事物'，本身就会成为活力的源泉。"我爱人的做法就是通过满足孩子们的欲望，让他们的内心活跃起来，从而拉近彼此的关系。在这个过程中，人们需要舍弃对物欲利诱的偏见和担忧，才能增进彼此的关系。

生活中还有很多像这样的舍得智慧，我们只有细细观察、细细品味，才能找到一把把打开人际关系的金钥匙。

这里我用著名人际关系大师哈维·麦凯的话做一个总结："建立人际关系就是一个挖井的过程，付出的是一点点汗水，得到的却是源源不断的财富。希望我们都能为自己打造这样一个源源不断的财富水池。"

04 把朋友圈变成财富圈

美国商业哲学家吉米·罗恩曾说："你的财富和智慧就是与你亲密交往的5个朋友的平均值。"因为这5个人对你影响最大，他们的思想、行事风格、赚钱方法等都会在无形中塑造你的认知，这就是著名的"密友五次元"理论。绝大多数人对金钱认知的启蒙老师都是自己的父母或原生家庭的其他成员。不同家庭的孩子，从小接受到的金钱认知和学到的赚钱本领也一定不同。

人的出身没办法选择，无论好坏只能接受。不过，随着年龄的增长和认知水平的提高，我们可以通过主动筛选，为自己重新打造一个高层次的财富生态圈。"昔孟母，择邻处。"今天的你，完全可以选择与谁为伍。

关键是别人是否愿意与你为伍？你能不能与优秀的人为伍？想解决这两个问题，你必须先让自己变得优秀。首先你要让别人瞧得见，然后再让别人瞧得起。如果你只想着赚钱，钱不会因为你的执念而投怀送抱；但如果你一直在努力让自己变优秀，就一定会有更多赚钱的机会。

"你若盛开，蝴蝶自来"。**蝴蝶喜欢在花丛中飞来飞去，并不是因为被鲜花的美丽吸引，而是喜欢鲜花的花蜜。**如果你的优秀对他人无用，就只能孤芳自赏，只有当你能够惠及他人，你的优秀才具有价值，才能帮你接触并留住其他优秀的人。

惠及他人，并不是把自己认为最好的给对方，而是把对方认为最好的提供给他。比如你想请朋友吃饭，站在自己的视角，你会说："我知道有家火锅店特别不错，咱们去那儿吃吧。"而站在对方视角，你应该说："你想吃什么，给我也推荐下，我们一起去解馋呀？"利他是与人交好的最佳途径，很多人所谓的极致利他，不过是打着利他旗帜的利己，并没有真正的站在对方的视角。

有些人总是打着大家聚一聚的旗号，让一大群同学去他举办的宴席中随份子。这类人看似人情练达，实则断送了自己的口碑。如果他真的希望和同学相聚，就应该真诚地组一个饭局，让参与者彼此能发生有效社交，要么能获取情绪价值，要么能产生财富链接。而不是让大家在嘈杂、喧闹的环境中丧失聊天的欲望，这样做完全是在浪费时间。

> 任何时候，只有真正从对方的利益出发，懂得换位思考，有共情能力的人，才能把朋友圈经营成财富圈。这种能力永远都不过时，因为它迎合了人性的欲望。

人性的欲望，其实就是一个人喜欢什么、厌恶什么。想迎合人性的欲望，就要推己及人，不做挑战人性、违背人性的事。网上有段话很有意思，"和小孩谈游戏，和老人谈健康，和男人谈赚钱，和女人谈气质，和老板谈忠心，和下属谈未来，和穷人谈利益，和高手谈学习，和渠道谈高佣，和做大事的人谈格局。"这段话乍一看充斥着满满的心机，细品却道出了与人交往的前提条件——成为一个让他人感觉舒服的人。与人交往即是如此，有些事做再多都不会被反感，而有些事只要做一次就会让自己的形象打折。关系学讲究各种与人相处的技巧，而在我看来，能够坚守好最基本的为人处世原则，获得他人信任，就已经是人际关系经营的高手了。

接下来给你分享几条与自己的好友交往的原则：

第一，多鼓励，少打击。人们总以为在与朋友交往时，"忠言逆耳"是真诚的体现。但人性的幽微之处恰恰在于"我能明白你所说的意思，但我不愿接受你说话的方式"。因此，在与对方交谈时，应该在给予肯定回应后再建言献策，一定不要用简单粗暴的否定性语言，更不要用语言打击朋友。即使对方在你看来真的冥顽不化，也请相信他一定有自己的苦衷。如果为了说服对方，你甚至不惜口出恶言打击他，那就请你反思一下自己是否在借劝解对方来发泄自己的情绪。倘若如此，自己一定要及时纠正，这样才能维护好你们的关系。

第二，**做个善良的人**。有句话说"真正的善良是在他人挨饿的时候，你吃肉不吧唧嘴"。当自己在朋友当中有一些优于别人的条件时，请你千万别炫耀，因为会伤到他人。没有人喜欢和一个高高在上、不接地气的人做朋友，也没有人愿意做别人的陪衬。

第三，**保持界限感**。有些人为了让对方觉得自己足够真诚，不惜拿自己的隐私说事。也有些人为了制造亲密感，总是试图打听朋友的私人问题，让对方处于难堪境地。其实保持界限感才是尊重他人的应有之义。**君子之交淡如水，并非君子无情，而是君子懂得分寸**。没有界限的相处，很容易伤害彼此，让关系受损。

第四，**足够尊重他人**。获得尊重是每个人在社交中的刚需，敬人者人恒敬之。这个道理大家都懂，难的是谁先迈出那一步。你敬我一尺我敬你一丈，这里不仅有互相尊重的意思，更蕴含先后的智慧，虽然良好的人际关系是一种双向奔赴，但大多数人都希望别人能先一步敬我。所以，**你不妨做那个首先抛出橄榄枝的人，以实际行动尊重对方**。这并非讨好屈服，而是积极把握建立人际关系的主动权。

第五，不妒忌。攀比心人皆有之，状况不如别人时，很多人难免心生妒忌，在交往过程中会说几句风凉话，以满足自己的"酸葡萄"心理是常有的事。见不得他人好，朋友在你心中只是为自己刷存在感、找平衡的陪衬。如果你发现自己有这种狭隘的想法，请务必去除。存在这种想法意味着你既缺乏共赢思维，也没有发展格局，更不会圆融处世，将极大地限制你自身的发展。

本章最后，我专门为你设置的习题是：你有没有刻意关注过自己的社交资产？你都有哪些社交资产？你打算如何维护这些社交资产？

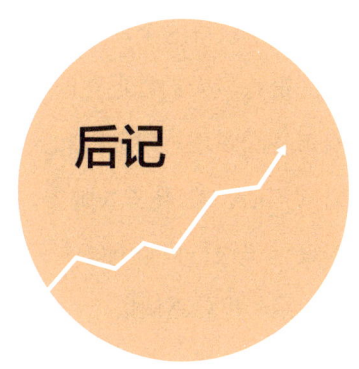

后记

　　打磨完最后一章文稿后，我抬头看向窗外，此刻的夜空充盈着说不出的平和与安宁。

　　六年前，也是在这样一个夜晚，我满身酒气，像往常一样故作镇定地把客户一个个送上车，礼貌地叮嘱他们"您路上慢点"，待汽车一辆辆开走之后，才晃晃悠悠独自走回家。高跟鞋深深浅浅地踩在硬硬的柏油路上，发出高高低低的"嘎噔"声，就像我当时的心情一样，凌乱而荒凉。彼时虽然忙碌，人却备感空虚，虽然自己在工作上尽心尽力，却逐渐远离了真实的自己。我经常不自主地感叹："这辈子，也许就这样了吧。"

　　六年不短也不长，现在回首却恍如隔世。我是个胆小、有点懦弱的人，性格中唯一坚硬的部分，就是敢于为了这仅有一次的生命坚持点儿什么。近几年，为了活成自己想要的样子，我一直没有放弃学习和成长。我读书、写作、做理财，活在和之前完全不同的平行世界里。我结识了很多厉害的人，得到过很多贵人的帮助，并对此始终心怀感恩。

我在银行这个离钱很近的地方工作了十多年，但我一直觉得，银行与人们既近在咫尺，也隔着万水千山。虽然银行网点遍布各国各地，每天都和人们发生着业务联系，却很难走进人们的内心。在很多人眼里，它是功利的、疏离的。也有很多人说："银行只喜欢富人，是富人的天地。"每次听到类似的话，我心里总感惆怅。

当我有了出书的想法后，第一个念头就是决定把这几年的成长感悟写下来，把那些帮助过我的财富理念、理财方法写下来，让更多普通人看到、用到，为他人的财富积累带去实实在在的好处，让钱真正离每个人越来越近。作为一个银行人，这算是我小小的英雄主义情怀吧。

在本书的撰写过程中，我唯恐表述不清晰，让读者有"给汤不给勺"之感，使一本理财书失去它应有的价值，为此我运用了大量口语式的表达，并添加了一些实用案例。所以在阅读时，如有感觉啰唆的地方，还望各位读者海涵。

我是两个孩子的妈妈，这本书从精神上算我的第三个孩子，而我甚至用了比孕育孩子更久的时间迎接它的出生。我曾无数次想象它和我见面的时间、情形，还有它的名字，想到夜不能寐。即便已经无数次预想这个场景，可当它真正来到我的面前时，我内心的欣喜仍旧未减半分，忍不住泪湿眼眶。我真心感谢这个伟大的时代以及命运中无处不在的奇迹，让我遇见李尚龙、夏冬夏两位老师，圆了我的出书梦。作为我的内容团队，他们的专业和真诚，就像这本书的文字一般。他们字斟句酌帮我把关稿件，为了不拖进度，李尚龙老师即便出差远在万里之遥的希腊，依然倒着6个小时的时差为我磨稿，倘若我没有遇见他们，这本书或许会夭折，或许在很久之后才能和你见面。

再次感谢两位老师的辛苦付出和能量加持。

也感谢你读完了这本书，希望它能带给你良好的阅读体验，也希望你能把它推荐给身边需要的人。相信我，在财富积累的路上，你有多迷茫，遇见这本书就有多美好。

写于2022年12月24日晚

后记

图书在版编目（CIP）数据

财富自由的起点 / 钱月九著. -- 北京：北京联合
出版公司，2023.7（2023.9重印）

ISBN 978-7-5596-6939-1

Ⅰ.①财… Ⅱ.①钱… Ⅲ.①经济学—通俗读物
Ⅳ.①F0-49

中国国家版本馆CIP数据核字（2023）第090726号

财富自由的起点

钱月九　著

出 品 人：赵红仕
出版监制：刘　凯　赵鑫玮
选题策划：飞驰文化
责任编辑：蒿　鑫
特约编辑：呼斯勒　夏冬夏
封面设计：FAJJLN WONDERLAND
内文排版：宏景图书

北京联合出版公司出版
（北京市西城区德外大街83号楼9层　100088）
北京联合天畅文化传播公司发行
北京美图印务有限公司印刷　新华书店经销
字数153千字　880毫米×1230毫米　1/32　8.5印张
2023年7月第1版　2023年9月第2次印刷
ISBN 978-7-5596-6939-1
定价：49.80元